W0216092

Susanne Schaber

Weit hinten lacht die Ewigkeit

Streifzüge durch Venetien

Susanne Schaber

Weit hinten lacht die Ewigkeit

Streifzüge durch Venetien

Picus Lesereisen

Picus Verlag Wien

Für T. H.

Copyright © 2009 Picus Verlag Ges.m.b.H., Wien
Alle Rechte vorbehalten
Grafische Gestaltung: Dorothea Löcker, Wien
Umschlagabbildung: © Chuck Pefley / IPN
Druck und Verarbeitung: Remaprint, Wien
ISBN: 978-3-85452-954-5

Informationen über das aktuelle Programm
des Picus Verlags und Veranstaltungen unter
www.picus.at

Inhalt

Wo die Ewigkeit lacht

Brüchiges Arkadien: der Catajo und die Villen des Veneto

> *Eternity is in love with the productions of time.*
>
> William Blake, Proverbs of Hell

»Ich bin nur der Pförtner.« Leonardo Facchinetti grinst und winkt mit einem großen, leicht verrosteten Schlüssel. »Mir gehört nichts, ich bin ein Diener, mehr nicht.« Der Schlüssel sucht das Schloss. Ein Ruck, und das Tor springt auf. Blinzeln, Staunen. Arkadien liegt jenseits des Horizonts, irgendwo, weit weg. Aber wenn nun Venetien seine kleine Schwester wäre? Am Fuß der Euganeischen Hügel könnte man ihr Herz schlagen hören. Alltag ist andernorts, hier wohnen die Bilder in Hochglanz. Ein nicht enden wollender Park, und darin ein Palast mit dreihundertfünfzig Zimmern, für fast jeden Tag des Jahres eines. Ein Triumphbogen weist den Weg ins Schloss, in einen ausladenden Innenhof, den Cortile dei Giganti, glanzvolle Kulisse für Konzerte und Festivitäten. Eine Freitreppe mit flachen Stufen, gangbar auch für Pferde, zieht zu den Terrassen hinauf, die sich nach mehreren Himmelsrichtungen hin öffnen. In ihrem Rücken die Prunkräume des *castello*. In sechs Sälen hat Giovanni Battista Zelotti, ein Schüler von Paolo Veronese, gearbeitet und ein Meisterwerk an Fresken hinterlassen.

Ungezählte Gänge führen durch die Zimmerfluchten zu weiteren Atrien und Loggien und einer Kapelle. Von den Fenstern und Balkonen eine prachtvolle Fernsicht: auf den Monte Ceva, die Wege des Canale Battaglia, die Ebene, die ganz hinten im Blau des Meeres verschwindet. Wer seinen Blick zurückholt, sieht sich im Garten wieder. Seerosen greifen ins Blaugrün des Teiches. Das Wasser bricht das Sonnenlicht und spiegelt die Mauern des Schlosses. Entlang der Kieswege seltene Magnolien und Mammutbäume, die ersten, die aus Amerika bis nach Europa gelangt sind. Jenseits der barocken Parkanlage ein riesiges Stück Land, Wald und Wiesen, wohin man schaut. Auf den Hügeln grasen Hirsche. Könnte so das Paradies aussehen?

Leonardo Facchinetti lacht laut auf, rollt mit den Augen und schlägt die Hände vor dem Gesicht zusammen: Nein, Paradies sei das keines. Der Catajo gehöre zu den berühmtesten Schlössern des Veneto, das traue er sich zu sagen. Aber einen Besitz wie diesen wünsche er nicht einmal seinem schlimmsten Feind. Allein die Erhaltung des Anwesens würde jährlich ein bis zwei Millionen Euro kosten, schätzt er. Die hat man natürlich nicht. Gar nicht zu denken an die Kosten für die dringend anstehenden Renovierungen. Der Catajo, so Leonardo Facchinetti, sei eigentlich ein Abenteuer für Milliardäre oder Oligarchen. Aber für eine Familie wie die seine? Ein Albtraum, die Hölle. »Wie die Pest.«

Fast vierzig Jahre lebt Leonardo Facchinetti nun schon im Schatten des Catajo, ebenso lange ist er mit Isabella Dalla Francesca verheiratet. Ihr und ihrer Familie gehört das Schloss in den Ausläufern der Euganeischen Hügel. »Wenn ich gewusst hätte, was mit diesem Ungetüm auf mich zukommen würde, hätte ich meine Frau nicht geheiratet«, jammert Signore Facchinetti und lacht dabei schon wieder. Doch der Catajo war Teil der Morgengabe, der dritte im Bunde. Leonardo, als ehemaliger Kaufmann ein Kosmopolit und wunderbarer Erzähler, hat sich längst in seine Rolle gefügt. Er berät seine Frau und deren Verwandte in geschäftlichen Belangen und macht den Clown, wenn es allzu ernst wird. »Ich bin ein Spitzbub.«

Augenzwinkernd führt er durch die verwinkelte Geschichte des Catajo, die bis ins 11. Jahrhundert zurückreicht, als die Obizzi, eine Familie von Feldherren, im Gefolge Kaiser Heinrichs II. nach Italien kommen. Ein Heer von Söldnern verhilft ihnen zu Ruhm und Macht. Das möchte man nun zeigen. Und so fasst Pio Enea I. degli Obizzi – er gilt als Erfinder der Haubitze – um 1570 den Entschluss, das kleine Landhaus unweit von Battaglia Terme zu einer repräsentativen Villa ausbauen zu lassen. Ja, mehr noch: Ein Palast soll hier entstehen, um Einfluss und Ansehen der Familie zu dokumentieren und den Soldaten und Pferden solide Unterkünfte zu verschaffen. Und so planen Pio Enea und der Architekt Andrea da Valle ein Gebäude, das vollends aus dem Rahmen fällt: kein Schloss und keine Burg, keine Villa und keine Verteidigungsanlage. Von allem ein bisschen – und noch sehr viel mehr.

In nur drei Jahren wächst der Catajo aus dem felsigen Boden. Dreitausend Arbeiter sind fast Tag und Nacht beschäftigt, es wird nicht gespart. 1571 engagiert Pio Enea den Maler Giovanni Battista Zelotti, einen der berühmtesten Künstler jener Tage. Ihm verdanken sich Fresken im Dogenpalast und in der Villa Emo in Fanzolo, einem Bau des Andrea Palladio, mit dem er häufig zusammengearbeitet hat. Im Catajo bekommt er besonders strenge Vorgaben: Die Kunst, so Pio Enea, dürfe nur dem Zweck dienen, die Obizzi und deren tapfere Taten zu verherrlichen. Zelotti weiß, wie das geht: Ein mächtiger Stammbaum der Familie zieht alle Blicke auf sich. Daneben eine nicht enden wollende Folge von Darstellungen, die von erfolgreichen Gefechten, Seeschlachten und Kreuzzügen erzählen und die Freundschaft der Obizzi zu Papst und Obrigkeit facettenreich dokumentieren.

Pio Enea II. setzt die Bemühungen seines Großvaters fort: Er lässt den Catajo weiter ausbauen und freskieren und legt zudem den Grundstein für eine wertvolle Bibliothek und eine Sammlung erlesener Bilder, Musikinstrumente und Waffen. Der letzte Obizzi ist der Marchese Tommaso, ein Kunstfreund auch er. Er stirbt 1805, kinderlos. Das *castello* geht nun in den Besitz der Habsburger über. Zuerst sind es die Habsburg-Este, die Herzöge von Modena und Reggio, später der österreichischen Thronfolger, Erzherzog Franz Ferdinand. Wie schon sein Vorgänger veranlasst dieser, große Teile der Sammlung Obizzi zu transferieren. Sie landen im tschechischen Schloss Konopischt (Konopiště) und im Kunsthistorischen Museum in Wien.

Als Franz Ferdinand 1914 in Sarajevo ermordet wird, übernimmt der spätere Kaiser Karl I. den Catajo. Und der sei eines Tages, so erinnert man sich bei den Dalla Francesca, mit dem Zug in die Euganeischen Hügel gekommen. Der Erste Weltkrieg tobt noch, doch Karl ahnt, dass seine Tage gezählt sind. Nun befiehlt er, alles aus dem Catajo in die Waggons zu packen, was ihm noch von Wert scheint. Ein paar Schäfchen mehr, die nun im Trockenen sitzen. *Se non è vero, è ben trovato.*

Der Catajo fällt dann auch, wie von Kaiser Karl vorhergesehen, als Teil der Reparationszahlungen an den italienischen Staat. Doch der ist arm und kann das monumentale Anwesen nicht halten. Man sucht einen Käufer und findet ihn 1929 in den Dalla Francesca. Leonardo Facchinetti kennt sich aus in der Geschichte der Familie. Zuletzt, so erzählt er, habe das *castello* drei unverheiratet gebliebenen Schwestern Dalla Francesca gehört. Dass es wenig Sinn machen würde, einen Besitz wie diesen gleich mehreren Erben zu hinterlassen, ist den dreien klar, als es darum geht, das Testament zu machen. Sie wählen einen der Neffen aus, um ihn zu adoptieren: Auch an die Steuern gilt es zu denken.

Die Papiere liegen beim Notar bereit, doch vorher, so wollen es die drei Damen, müsse der zukünftige Sohn noch heiraten, auf dass der Fortbestand der Familie gesichert sei. Eine Braut ist schon gefunden, die Hochzeit wird arrangiert. Gleich nach der Trauung soll der Termin beim Notar stattfinden. Doch der lässt sich entschuldigen, er sei erkrankt. Kein Problem, der Vertrag kann warten. Die Eheleute brechen in die Flitterwochen auf. Als sie ein paar Wochen später heimkehren, sind die drei Tanten tot, unerwartet und schnell hintereinander gestorben.

Zur Trauer um die Damen kommt die Sorge um Erbschaftsstreitigkeiten. Plötzlich gibt es sechs Parteien, die im Catajo sitzen und nicht wissen, wie ihnen geschieht. Unter ihnen auch Isabella Facchinetti, geborene Dalla Francesca. »Ich hätte den Catajo ja am liebsten sofort verkauft«, gesteht ihr Mann. Aber die anderen zaudern. Angebote kommen aus allen Teilen der Welt, aus Amerika, Japan, Deutschland. Doch die Erbengemeinschaft kann sich nicht einigen. Sie entscheidet, den Catajo zu behalten und ihn der Öffentlichkeit zugänglich zu machen, als Museum, aber auch als exklusiven Veranstaltungsort für Hochzeiten, Empfänge oder internationale Meetings. Reich wird man damit nicht, im Gegenteil: »Alles, was wir verdienen, geben wir sofort wieder für die Erhaltung des Catajo aus«, klagt Leonardo Facchinetti, und auch das sei nur ein kleines Tröpfchen im großen Meer.

Mit seinen Sorgen ist er nicht allein. Mehr als viertausend Villen und Schlösser gibt es im Umland von Padua, Treviso und Vicenza, etwa zweihundert von ihnen sind zu besichtigen: Hochburgen des touristischen Interesses.

Sanfte Landschaften, volle Kornkammern, reiche Reviere für Fischer und Jäger. Das Veneto lädt zum Landleben ein. Die Villenarchitektur erreicht im beginnenden 16. Jahrhundert eine Blüte, als Venedig das Festland zu entdecken beginnt. Das Arkadien lockt, die Terraferma ist ein Versprechen. Die Venezianer drängen in die Hügel und Ebenen rund um Vicenza, Padua, Rovigo und Treviso und kaufen Ländereien und Güter, um dort Schafe, Rinder und Schweine hüten zu lassen. Ähnlich wie schon der alteingesessene Feudaladel beginnen sie, das lange Zeit brachgelegene Land zu kultivieren und sich damit neue Einkommensquellen zu erschließen. Gleichzeitig locken reizvolle Ziele für Entspannung und Müßiggang. Des Sommers wird es in Venedig stickig und schwül, da sucht man die Nähe der Hügel und Berge. Endlich Licht und Raum, trockene Böden und Wände statt modriger, schimmeliger Kammern.

»Villen ja, Schlösser nein«, hatte der Große Rat des Staates Venedig angeordnet. Eine Weisung wie geschaffen für die Gedankenwelt eines Andrea Palladio. Der Sohn eines Müllers, 1508 in Padua geboren, ist gelernter Bildhauer und Steinmetz, als er 1536 Gian Giorgio Trissino begegnet, einem vielseitig gebildeten Humanisten. Trissino erkennt das Talent des jungen Mannes und ermutigt ihn, Mathematik, Musik und die lateinischen Klassiker zu studieren. Palladio reist nach Rom, um die Bauten der Antike zu zeichnen. Sie inspirieren ihn nachhaltig. Um 1540 beginnt er, in und um Vicenza als Baumeister zu arbeiten. Berühmt wird er durch die Umgestaltung des Palazzo della Ragione im Herzen der Stadt.

Nun ruft auch die Serenissima nach dem neuen Architekten. Doch dort hat er es schwer. Venedig ruht fest in der Vergangenheit und verschließt sich der Moderne. Erst nach und nach kommen repräsentative Aufträge. Palladio gestaltet die Fassade von San Pietro di Castello und erhält schließlich den Auftrag für den Neubau der Kirchen von San Giorgio Maggiore und Il Redentore auf der Giudecca. Noch viel erfolgreicher werden die Villen, die er für die Patrizier- und Adelsfamilien aus Venedig und Vicenza entwirft: die Villa Foscari, auch Malcontenta genannt, am Brentakanal, die Villa Emo in Fanzolo oder die Rotonda außerhalb von Vicenza – fast schon ein Tempel, mit seinen Loggien in alle Himmelsrichtungen.

Weniger streng die Villa Barbaro in Maser nahe Asolo. Eine Referenz an die Antike auch sie. Palladio nimmt die Gesetze von Proportion, Symmetrie und Hierarchie, wie er sie bei Vitruv studiert hat, auf und übersetzt die Modelle des antik-römischen Hauses in das Veneto der Spätrenaissance. Dekorationen verschwinden zugunsten von Klarheit und Eleganz, die Landschaft verbindet sich ganz selbstverständlich mit dem Bauwerk und den Ansprüchen des Auftraggebers. Oberhalb der Villa Barbaro liege ein Brunnen, schreibt Palladio in seinen »Vier Büchern zu Architektur«, und dieser Brunnen bilde einen Teich, der zum Fischen diene. »Von hier aus teilt sich das Wasser. Es fließt in die Küche und dann, wenn es die Gärten bewässert hat, in zwei Fischteiche mit zwei Tränken, die sich an der öffentlichen Straße befinden. Von hier aus bewässert es den Küchengarten. (…) Auf der einen wie der anderen Seite des Gebäudes liegen Loggien, die an ihren Enden zwei Taubenschläge haben. Darunter befinden sich die Weinkeller, die Ställe und die anderen Nutzbauten der Villa.«

Palladio hat das Landleben vor Augen, als er das Anwesen plant. Allein mit der Entscheidung der Brüder Barbaro, die Innenräume der Villa von Paolo Veronese ausmalen zu lassen, sei er nicht glücklich gewesen, heißt es. Und doch stehen diese Fresken in einem Zwiegespräch mit dem Bau: die Götter des Olymp, die Nymphen und Allegorien, ein Flüstern und Raunen, geheimnisvolle Gesänge vor dem Hintergrund antiker Ruinen.

Fast vierzig Villen hat Andrea Palladio entworfen, schätzt Palladio-Kenner Lionello Puppi, längst nicht alle sind erhalten. Einige wurden zerstört, andere umgebaut. Doch Palladio findet Nachfolger. Unter den Bauwerken, die der Villen-Kataster des Veneto erfasst, sind so berühmte wie die Villa Pisani in Stra, wegen ihrer Größe auch Nationale genannt, die Villa Valmarana ai Nani oder die Villa Barbarigo mit ihrer barocken Gartenanlage. Viele dieser Bauwerke sind immer noch in Privatbesitz und öffnen ihre Tore ein- bis zweimal in der Woche. Hier wird gelebt, man sieht es. Familienbilder auf den Kommoden, das Strickzeug am Sofa, Zeitungen am Fauteuil des Salons.

Wieder andere wurden in Hotels verwandelt oder zu Apartments umgebaut. In der Villa Loschi Zileri unweit von Vicenza residiert ein Architekt. Wer an der Tür läutet, wird durch die Büroräumlichkeiten vorbei an vollen Schreibtischen und klingelnden Telefonen zur *sala* und dem Treppenaufgang gebracht, wo sich eine ganz andere Welt auftut: Hier hat Giambattista Tiepolo seine Handschrift hinterlassen. Noch skurriler die Begegnung mit der Villa Barbarigo Rezzonico, in der heute das Rathaus von Noventa Vicentina logiert. Vor den Fresken des Antonio Vassilacchi, Luca da Reggio und Antonio Foler die Schreibtische der Vorzimmerdamen, auf den Büroschränken Sträuße mit Plastikblumen, unter den Szenen aus der antiken Mythologie ein Tischchen mit einer Kaffeemaschine und dem Kuchen für den Hunger zwischendurch. Prudentia und Sapientia lächeln von den Wänden.

Nein, er wohne nicht im Catajo, erklärt Leonardo Facchinetti, sein *palazzo* stehe in Padua, nicht weit entfernt von der Basilika des Heiligen Antonius. Ob der ihm vielleicht ab und zu dabei helfen könne, eine Lösung für all seine Probleme zu finden? Kopfschütteln, alles schon versucht, stöhnt er. Der Catajo verfolgt ihn weiter. Seit dem Tod der drei Damen Dalla Francesca vor etwa zwanzig Jahren steht das Schloss leer. Alles, was noch an Möbeln da war, wurde in der Familie aufgeteilt. Er habe sich das Bett von Kaiser Karl genommen, erzählt Leonardo. Seither thront er auf weichen Matratzen, über ihm ein Baldachin aus goldbesticktem Brokat, darüber der k.u.k. Doppeladler.

Doch selbst unter der Schirmherrschaft der Habsburger schläft sich's schlecht. Natürlich ist der Catajo gut gesichert, in die Alarmanlage hat man einiges investiert. Eine direkte Leitung führt zur Polizei – und in Leonardo Facchinettis Haus. Oft genug treiben ihn die Sirenen aus dem Bett: »Attenzione, attenzione, Einbruchsversuch im Catajo.« Und dann stellt sich heraus, dass es ein Hirsch war, der gegen eine der Mauern gerannt ist. Und überhaupt: das Wild. Ein Albtraum auch dies. Das Land rund um den Catajo steht unter Natur- und Jagdschutz, etwa hundert Hirsche haben hier ein ruhiges Dasein. Oft genug reißen sie aus und verursachen auf den nahe gelegenen Straßen Unfälle. Ein Fall mehr für die Anwälte der Familie. Die Kosten für Prozesse gehen in der Zwischenzeit in die Hunderttausende. Von den Versicherungen gar nicht zu reden. Ein weiteres Seufzen.

Eigentlich wäre der Catajo ein ideales Projekt für ein Luxushotel, meint Leonardo Facchinetti. Für einen Konzern mit dem nötigen Kleingeld, das Anwesen zu einem Fünf-Sterne-Thermenresort umzubauen, mit Wellnessbereich, Tennisplätzen und einem Golfparcours. Nach einem Käufer mit entsprechendem Portemonnaie sucht man immer noch. Objekte dieser Größe und Qualität seien selten am Markt, meint Signor Facchinetti, und überhaupt: Welcher Schlossteich dürfe noch von sich behaupten, dass Kaiserin Sisi in ihm gebadet habe? Mit Geschichten wie diesen kann so bald niemand aufwarten, die sind unbezahlbar.

Oder aber es findet sich ein Gauner. Leonardo Facchinettis Stimme wird leiser. Die Zelotti-Fresken seien so perfekt gemalt, mit Farben von so erstklassiger Qualität, dass man damit gigantische Geschäfte machen könnte. Es wäre ein Leichtes, einen Abdruck von den Fresken zu machen und diesen teuer zu verkaufen. Dafür gebe es einen richtigen Markt, weiß er, einen Käufer zu finden, wäre nicht weiter schwer. Wenn man dann die verbliebenen Malereien renovieren und die Farben auffrischen würde, könnte man den Deal bis zu fünf Mal wiederholen. Er kenne da Villen, berühmte Villen … mehr möchte er dazu nicht sagen. Er lächelt listig. Nur so viel: So etwas muss man sich trauen. Und so weit wollen die Dalla Francesca natürlich nicht gehen.

»Verstehen Sie nun, nachdem Sie das alles wissen, dass ich mit dem Ganzen nichts mehr zu tun haben möchte?«, klagt Leonardo Facchinetti und rauft sich die Haare. Das Temperament geht mit ihm durch, einmal mehr, der Schalk blitzt aus seinen blauen Augen. Seine Frau Isabella hat eine Beziehung zum Catajo, weil sie als kleines Mädchen mit ihren Geschwistern hier gelebt hat, weil Schloss und Garten sie an allerlei Anekdoten erinnern: an die Geschichte von der schönen Lucrezia degli Obizzi, die am 14. November 1654 von ihrem Liebhaber ermordet wurde und die seither durch die Gänge irrt. An den Streich, den die Kinder einem der vielen prominenten Gäste gespielt haben: Als der sich im Garten mit seiner Liebsten vergnügte und in den Teich sprang, versteckte man deren Kleider, um das nackte Paar dann von der Terrasse aus in seiner Verzweiflung zu beobachten.

Erinnerungen, die binden. Er habe die nicht, er sehe nur Kosten, Unbill, Streit, erklärt Leonardo Facchinetti. Seiner Tochter, dem einzigen Kind, geht es ähnlich. Früher einmal hat sie zusammen mit Cousins und Cousinen die Tickets für die Schlossführungen verkauft und sich damit ein Taschengeld verdient. Doch diese Zeiten sind vorbei. Der Catajo wird von Padua aus verwaltet, Angestellte tun Dienst, wenn das *castello* geöffnet ist. Die Familie kommt regelmäßig vorbei, um nach dem Rechten zu sehen.

Während Leonardo Facchinetti die Privatgäste durch den Catajo begleitet, stürmt seine Enkelin über die Treppen nach oben, gefolgt von zwei großen Hunden. Sie hat hier einen Abenteuerspielplatz und kreischt vor Vergnügen. Und natürlich hat auch Signor Facchinettis Schwiegersohn, ein Musiker und Komponist, längst seinen Teil der familiären Verantwortung übernommen. Er hat sich einen Metalldetektor zugelegt und durchkämmt damit das Areal, in der Hoffnung, doch noch auf einen Schatz zu stoßen. Stundenlang sieht man ihn mit seinem Zaubergerät durch den Garten streifen. Es tut sich nichts. Dann, plötzlich, ein Piepsen, gefolgt von hektischem Graben im Boden: ein Zweihundert-Lire-Stück, mehr nicht.

Wie auch anders? Der Catajo verschließt seine Geheimnisse. Seit fast fünfhundert Jahren steht er da und trotzt der Zeit. Freuden und Klagen der Menschen? Ein Lachen. *Eternity is in love with the productions of time.*

Großes Theater

Bühne frei für Verona, Vicenza und Venedig

> *»Una bugia è una bugia, cento bugie sono mezza verità.«*
>
> VENEZIANISCHES SPRICHWORT

Ein Abend Ende Jänner, es ist knapp vor neun. Die Touristen haben sich in die Restaurants verzogen, die Venezianer sitzen zu Hause bei der *cena*, dem Abendessen. Auf dem Teller ein Meeresfrüchte-Risotto, auf dem Herd die Tintenfische in ihrem Sud. Die Fensterläden sind geschlossen, die Welt bleibt draußen. Plötzlich dringt ein merkwürdiger Geruch in die Häuser um den Campo San Fantin. Irgendwo muss es brennen.

Die Telefone bei Feuerwehr und Polizei laufen heiß, die Nachricht verbreitet sich wie das sprichwörtliche Lauffeuer. Menschen drängen Richtung San Marco oder stehen auf den hölzernen Plattformen ihrer Dächer, um nach Flammen auszuschauen. Dicke Rauchwolken vernebeln die Sicht. Fast niemand, von den direkten Anrainern einmal abgesehen, weiß wirklich genau, was passiert. Allein die Schwaden, die über der Stadt hängen, sprechen eine eigene Sprache. Der Verdacht wird Gewissheit: La Fenice, das älteste und berühmteste Theater Venedigs, ist in Brand geraten.

Die Venezianer ahnen, was dies bedeutet. Die

Mauern des Gebäudes sind aus Backstein und istrischem Marmor, die können sich nicht entzünden. Doch unter dieser Ummantelung besteht das Theater aus viel Holz: Holzbalken, Holzböden, Holzwände – prächtig verziert mit Schnitzereien und Stuckaturen, mit Blattgold und brennbarem Lack überzogen. Überdies weiß man, dass seit einigen Monaten Renovierungsarbeiten im Gange sind: In den Werkstätten lagern Lösungsmittel und Propangasflaschen, die zum Schweißen und Löten verwendet werden. Zudem hat man den Kanal hinter dem Theater gerade erst trockengelegt, um den Schlamm und Schlick der Jahrhunderte auszubaggern und die Grundmauern der angrenzenden Häuser zu sanieren. Woher sollte die Feuerwehr nun das Löschwasser nehmen? Ein Hydrantennetz gibt es in Venedig zu jenem Zeitpunkt noch nicht.

Kurz nach Bekanntwerden des Brandes treffen die ersten Feuerwehrleute ein. Doch ihre Schläuche sind zu kurz, um Wasser aus den nahe gelegenen Kanälen zu pumpen. Es dauert eine ganze Stunde, ehe die beiden größten und am besten ausgestatteten Löschboote am zweihundert Meter entfernten Canal Grande anlegen. Und erst gegen dreiundzwanzig Uhr tauchen die beiden Hubschrauber auf, die Wasser über dem Theater abwerfen. Die eigentliche Brandbekämpfung beginnt. Da ist das Fenice längst verloren. Nun gilt es, die Stadt zu retten.

Die Situation ist heikel. Es brauchte nur noch ein wenig Wind aufkommen, und die ganze Stadt stünde in Flammen, der Funkenflug würde das Feuer an den Dachstühlen und Fenstern der Häuser binnen kürzester Zeit entfachen. Die Menschen im Umkreis des Theaters haben ihre Wohnungen verlassen, Hotelgäste sind in Panik geraten und mit ihren Koffern zum Bahnhof geflüchtet. Der ganze Sestiere di San Marco ist in Aufruhr. Nachrichten gehen von Mund zu Mund. Brandstiftung sei das gewesen, meinen die einen, da hätte die Mafia ihre Hände mit ihm Spiel. Nein, Blödsinn, diese Katastrophe hätten sich die Venezianer selbst zuzuschreiben, sagen andere. Die Renovierungsarbeiten im Fenice seien schon zuvor in eine Serie von Pannen ausgeartet. Brennbare Stoffe allerorts, der Brandmelder außer Betrieb, nur ein Nachtwächter für ein riesiges, unübersichtliches Theatergebäude. Und niemand da, der für all diese Ungeheuerlichkeiten zur Verantwortung zu ziehen wäre. Alles wie immer.

»Venedig hat seine Seele verloren«, klagt Luciano Pavarotti, als er vom Unglück hört. An den Tagen nach dem 29. Jänner 1996 tragen nicht nur die Gondeln Trauer.

Das Veneto ist großes Theater, mit vielen bekannten Häusern: das Teatro Sociale in Rovigo, das Teatro Verdi in Padua oder das Teatro Romano in Verona, erst kürzlich aus einem Steinbruch wiederauferstanden. Noch viel bekannter die Arena von Verona, die wohl bekannteste Freilichtbühne der Welt. Ein Bau aus dem ersten Jahrhundert nach Christus, fast so ausladend wie das Kolosseum in

Rom und voller Drama und Leben. In der Arena kämpften Gladiatoren und Ritter, hier wurden Hinrichtungen und Hochzeiten veranstaltet, hier lebten die Bischöfe von Verona genauso wie die Kurtisanen der Stadt. Bis man 1913 entschied, das inzwischen zur Ruine verkommene Theater wieder zur Bühne zu machen. Am 10. August wurde Verdis »Aida« in Szene gesetzt, ein umjubelter Erfolg, den man zu prolongieren suchte. Und das gelingt. Ob »Tosca«, »Rigoletto«, »Nabucco« oder »Der Barbier von Sevilla«: In den Sommermonaten stürmen die Besucher die Arena, bis zu zweiundzwanzigtausend Menschen drängen auf ihre Plätze, ein Spektakel im Spektakel. Italienische Familien neben Amerikanern auf Europatour, verbissene Opernliebhaber neben Touristen vom nahe gelegenen Gardasee. Lange Kleider, Smoking, kurze Hose und Baseballkappe. Braucht man einen Schirm, droht ein Gewitter? Auf den Tribünen wird es eng. Alle Querelen sind vergessen, als die Scheinwerfer auf der Bühne aufleuchten. Es geht los.

Viele Besucher sind jetzt schon müde, lassen sich tragen von der Begeisterung der Masse und gähnen dann doch: Sie haben die »Tour de Shakespeare« hinter sich, sind am Balkon der Julia vorbeigezogen und am Haus der Capuleti, um dann noch zu Julias Grab zu pilgern, zum steinernen Sarg in der Krypta des ehemaligen Klosters S. Francesco. »Du bist nicht Julia«, steht auf einer Tafel an der Casa di Giulietta zu lesen. »Und Romeo ist nie gewesen. Dieses Haus nur sagt: Hier wohnen alle

Liebenden der Welt.« Sie alle haben sich verewigt, ihre Namen in den Putz gehauen, die Wände bemalt. Ein großes Graffiti, ein Denkmal für die Liebe. Shakespeare wird immer kleiner, verschwindet. Und taucht in der Arena wieder auf, Gounods Oper »Roméo et Juliette« steht auf dem Spielzettel. Das also auch noch. *Buona notte.*

Ein Morgen in Vicenza, im Teatro Olimpico des Andrea Palladio: eine Bühne, die sich selbst feiert, selbstverliebt und mit kokettem Blick auf ihre Erbauer. Das Kontrastprogramm zur volkstümlichen Arena. »Ein Theater der Alten«, wie Goethe dozierte, »im Kleinen realisiert und unaussprechlich schön, aber gegen die unsrigen kömmt's mir vor wie ein vornehmes, reiches, wohlgebildetes Kind.«

Aber wie auch anders? In Auftrag gegeben wird das Theater von selbstbewussten, in allen Künsten und Wissenschaften dilettierenden Edelleuten, die sich 1555 in der Olympischen Akademie von Vicenza zusammengefunden haben. Man beschäftigt sich mit den Tragödien eines Aischylos, Sophokles und Euripides, übt sich in Logik, Redekunst und Mathematik, geht in Malerei und Musik auf und beschwört damit alle Tugenden humanistischer Gelehrsamkeit. Schwärmer würde man sie heute wohl nennen, Schöngeister, die den Idealen der Antike hinterherjagen und sie in der Gegenwart neu zu verorten trachten. Und da man sich auch gerne im Licht der Künste sonnt und sich selbst ein Denkmal zu schaffen sucht, wird 1579 beschlossen, endlich ein *teatro stabile* errichten zu lassen, ein festes Bühnenhaus.

In Andrea Palladio, den man von Beginn an als einen der seinen akzeptiert hat, finden die Vicentinischen Olympier den idealen Architekten: Er hat die antiken Arenen von Verona, Pula oder Rom studiert und sich alle Einzelheiten ihrer Proportionen eingeprägt. Nun geht er in Vicenza ans Werk und entwirft ein Haus aus dem Geist des römischen Theaters, ohne sich dessen Gesetzen sklavisch zu unterwerfen. Die Reihen des Zuschauerraums steigen aus einer Halbellipse kommend in Stufen in die Höhe und münden in einen Säulengang. Fast jeder der über vierhundert Sitzplätze gibt einen ähnlich guten Blick auf die Bühne frei – die Auftraggeber hatten gedrängt, ihre demokratische Gesinnung auch optisch fassbar zu machen, hier zumindest.

Die eigentliche Sensation dieses Baus aber zeigt sich hinter dem Orchestergraben und dem Proszenium: ein dreigeschoßiger Triumphbogen mit Säulen und Nischen. Darin die Figuren der in altertümliche Gewänder gehüllten Mitglieder der Akademie. Und über allem Szenen aus dem Leben des Herkules, Schutzherr der Olympier und Heros mit allen menschlichen und göttlichen Tugenden. Drei Portale führen vom Triumphbogen in eine ideale Stadt. Eine illusionistische Szenerie, dem antiken Theben nachempfunden: ein griechischer Platz und dahinter die Polis mit insgesamt sieben Straßen, die zu den Toren der Stadt führen. Eine optische Täuschung. Zwölf Meter Tiefe hat der Raum dieser Kulisse, doch er wirkt sehr viel größer.

Palladio hat die Eröffnung des Theaters nicht mehr erlebt, er stirbt 1580. Sein Sohn Silla bringt die Bauarbeiten zu Ende, unterstützt vom Architekten Vincenzo Scamozzi. Am 3. März 1585 wird das Teatro Olimpico mit dem »Ödipus« des Sophokles eröffnet. Womit sonst? Ödipus hat über Theben geherrscht, Herakles wurde dort geboren. Alles passt ins Programm.

Das Theater hat einen grandiosen Auftritt – und spielt alle an die Wand. Gleichzeitig feiert es seine Stifter, die mit diesem Bau der Unsterblichkeit entgegenziehen. Die Weihe ist vorbei, der Applaus verhallt, doch aus der Euphorie wächst langsam die Erkenntnis: Wirklich bespielbar ist diese Bühne nicht. Die Kulissen sind starr, der Schauplatz Theben nicht veränderbar, die Möglichkeiten, nichtantike Stücke in Szene zu setzen, sehr beschränkt. Fast dreihundert Jahre lang weiß man mit dem Teatro Olimpico nichts Rechtes anzufangen, es verkommt zum Monument. Erst nach 1847 wird das Theater neu genutzt. Doch Schauspieler und Sänger haben es schwer, die Regisseure kommen schnell an ihre Grenzen, der Bühnenraum wird zum Schlagbaum. »Ce théâtre joue par lui-même«, konstatiert Gérard Philippe, der 1952 die Rolle des Don Rodrigo in Corneilles »Le Cid« angenommen hat: Dieses Theater spielt von ganz allein, es spielt sich selbst, dieses Theater braucht niemanden.

Morgendämmerung in Venedig. Am 30. Jänner 1996 um drei Uhr früh heißt es endlich »Brand aus«. Noch am gleichen Tag tritt Bürgermeister

Massimo Cacciari vor die Kameras, um den Verlust des Hauses zu betrauern und gleichzeitig zu versprechen, das Fenice originalgetreu wieder aufbauen zu lassen, *com'era, dov'era,* wie es war und wo es war. Kunsthistoriker und Architekten beginnen mit den Recherchen, kritisch beäugt von den Denkmalpflegern. In den Archiven lagern die Pläne von Gianantonio Selva, der das Theater 1790 geplant hatte, es gibt ein Holzmodell aus jener Zeit und ungezählte Fotos aus späteren Jahren. Vor allem aber gibt es Lucchino Viscontis »Senso«, 1954 im Fenice gedreht. Daran kann man sich halten. Etwa zwei Jahre würde es dauern, das Fenice in altem Glanz erstehen zu lassen, so Cacciari. Große Worte, ein Versprechen.

Die Geschichte des Teatro Fenice verknüpft sich auf merkwürdige Weise gleich mehrfach an verheerende Feuer. 1773 brannte die damals größte Opernbühne Venedigs nieder. Als sich der Konflikt über deren Wiederaufbau zuspitzte, entschieden die Betreiber des Hauses, sich selbständig zu machen. Sie gaben die Errichtung eines neuen Theaters in Auftrag und nannten es La Fenice, nach dem Vogel Phönix, der verbrennt und kraftvoll aus der Asche steigt. Am 16. Mai 1792 wurde das Opernhaus eröffnet. Etwas mehr als vierzig Jahre später, im Dezember 1836, brach ein weiterer Brand aus. Doch das Fenice wurde damals von Giambattista und Tommaso Meduna neu aufgebaut, nach eigenen Plänen und denen des Gianantonio Selva und binnen eines einzigen Jahres. Zu jenem Zeitpunkt war das Fenice zu einer der bekanntesten

Bühnen Italiens und Europas avanciert. Rossini, Bellini oder Verdi überantworteten dem Fenice ihre Werke, Opern wie »Tancredi«, »La Traviata« oder »Rigoletto« wurden hier uraufgeführt. Eine Tradition, die man im 20. Jahrhundert fortsetzte, mit »The Rake's Progress« von Igor Strawinski, mit »Allez-hop« von Luciano Berio oder »Intolleranza« des Venezianers Luigi Nono. Und dann, an jenem Abend des 29. Jänner 1996, das neuerliche Feuer. Diesmal brannte das Fenice vollends aus, allein die Mauern und die Fassade blieben stehen.

Was nun passiert, spiegelt den venezianischen Alltag: die düsteren Kanäle, niedrigen Durchgänge und spiegelnden Wasserflächen, die der Realität immer neue Masken anlegen. Wer sich nicht zu orientieren weiß, ist verloren, wer nicht Gelassenheit aufbringt, verirrt sich im Labyrinth von Gesetzen, Gegebenheiten, Mauscheleien. Nur auf Schleichwegen kommt man ans Ziel. Und so ist die Beschreibung der Jahre nach dem Brand weit mehr als eine amüsante Serie kleiner Katastrophen oder die Satire über den Zustand der italienischen Provinz- und Regionalregierungen. Sie wird zu einer Exkursion durch die Seele Venedigs.

Kurz nachdem die polizeilichen Ermittlungen begonnen haben und eine Sachverständigenkommission die Gründe für den Brand zu orten gesucht hat, startet man eine erste Ausschreibung für den Wiederaufbau des Fenice. Impregilo, Teil des Fiat-Konzerns, erhält den Auftrag. In achthundertdreiundzwanzig Tagen, so die Berechnung der Ingenieure, würde das Fenice wieder stehen, kosten würde das Ganze knapp fünfunddreißig Millionen Euro. Damit kann der Zweitplatzierte, die deutsch-italienische Firma Holzmann-Romagnoli, nicht mithalten. Die Bauarbeiten beginnen. Neben der Brandruine wachsen drei Kräne in die Höhe, am Canal Grande streckt sich eine riesige Plattform ins Wasser, die als Materiallagerplatz dient. Beton wird über unterirdisch verlaufende Rohre zum Theater gebracht, alles andere über einen einzigen kleinen Kanal, den Rio dell'Albero, verschifft. Lange Wege, doch es geht voran. Die Mauern des Fenice sind eingerüstet, Betonpfeiler für ein neues Fundament im Boden verankert.

Acht Monate später der Baustopp. Impregilo hat vergessen, auch den Südflügel des Theaters in seine Pläne mit einzubeziehen. Holzmann-Romagnoli wittert seine Chance: Man beeinsprucht die Auftragsvergabe und bekommt recht. Und nun? Wer würde die bisherigen Kosten von Impregilo übernehmen? Würde die neue Firma in die ungezählten Verträge einsteigen können, die man mit Zulieferern und Handwerkern abgeschlossen hat? Und dann stirbt auch noch der berühmte Aldo Rossi, Architekt des Holzmann-Romagnoli'schen Entwurfs, unerwartet an den Folgen eines Autounfalls. Alle Pläne drohen zusammenzukrachen. Doch auf wundersamen Wegen lösen sich alle Probleme. Vorerst zumindest.

Es dauert sechzehn Monate, ehe die Bauarbeiten weitergeführt werden können, und fünf weitere, bis Holzmann-Romagnoli verkünden muss, dass der deutsche Teil der Firma vor dem Konkurs steht. Das Arbeitstempo wird reduziert, der Termin für die Neueröffnung des Fenice scheint immer vager. Bürgermeister Cacciari zieht es im Frühling 2000 vor, sich der Wiederwahl gar nicht erst zu stellen. Er übergibt Paolo Costa die Agenden, einem Ökonomen nationalen Formats. Kurz nach Amtsantritt inspiziert Costa die Baustelle und findet dort nur einen einzigen Arbeiter vor. Am fünften Jahrestag des Brandes tuckert ein großes Transportschiff durch den Canal Grande, besetzt mit Venezianern, die laut singen und dabei ein Spruchband schwingen: »Com'era, dov'era, in quale era?« In welcher Ära würde das Fenice endlich wieder stehen – oder würde es die Kommune aufgeben?

Paolo Costa gerät unter Druck. Die Bestandsaufnahme ist kläglich: Sechzig Prozent der für den Bau veranschlagten Zeit ist verstrichen, doch nur fünf Prozent der Arbeiten sind getan. *Opera buffa* – oder doch Tragödie? Costa verändert die Gangart: Er kündigt Holzmann-Romagnoli und muss die Baustelle polizeilich räumen lassen, weil die Handwerker nicht abziehen wollen. Den neuen Auftrag überträgt er der venezianischen Firma Sacaim. Diese hat die jüngste Ausschreibung gewonnen und ohnehin schon oft genug für die Stadt gearbeitet. Bei Sacaim weiß man offenbar, so wird vermutet, wie man Kuverts mit Geld richtig anbringt. Gleichzeitig mit dem Einzug der neuen Arbeitsbrigaden lässt Costa am 11. März 2002 eine riesige digitale Uhr vor den Ruinen der Fenice installieren, um die Öffentlichkeit auf dem Laufenden zu halten. Sechshundertdreißig Tage würde es noch dauern, ehe die Türen zum *teatro* wieder aufgingen. Von nun an zählt man die Stunden. Die Venezianer lachen, spotten, haben resigniert. Sie glauben nicht mehr wirklich an den Erfolg des Projekts. Zu viel Geld ist in den Kanälen versickert, zu lange hat sich die Groteske schon hingezogen. Sie glauben an nichts mehr.

Viele sind auch von den Ermittlungen der Staatspolizei enerviert. Der erste Verdacht, ein Anschlag der Mafia, hat sich nach und nach zerschlagen. Brandstiftung scheint wahrscheinlich. Auch hier dauert es Jahre, bis sich die Ereignisse des Abends des 29. Jänner 1996 in hellerem Licht zeigen. Der Verdacht fällt zuletzt auf die Firma Viet, einen kleinen Elektrobetrieb, geleitet von Enrico Carella. Viet hatte bei der Renovierung des Fenice die Sanierung der desolaten Leitungen übernommen. Und Viet war im Verzug, das war Carella sehr schnell klar. Eine Strafe drohte, sechstausend Euro. Nicht viel, möchte man meinen, doch für einen, der auch sonst noch bis über den Hals in Schulden steckt, eine ordentliche Summe. Und so fasst Carella seinen Plan: Zusammen mit seinem Cousin Massimiliano Marchetti will er einen kleinen Brand legen, der die Arbeiten im Fenice unterbrechen und ihn seiner Konventionalstrafe entheben sollte. Dass dieses Feuer innert weniger Minuten vollends außer Kontrolle geraten würde, damit haben die beiden nicht gerechnet.

Die Urteile des Gerichts: sieben Jahre für Enrico Carella, sechs für Massimiliano Marchetti, der sich in sein Schicksal fügt. Carella setzt sich ab, taucht unter, ward zunächst nicht mehr gesehen. Im Februar 2007 wird er in Cancún gefasst und von Mexiko an Italien ausgeliefert. Alle anderen Angeklagten, darunter der frühere Intendant des Fenice, Gianfranco Pontel, und Bürgermeister Massimo Cacciari, spricht das Gericht frei: Der Vorwurf der groben Verletzung der Aufsichtspflicht kann als zu wenig stichhaltig abgewiesen werden. Die Anwälte waren ihr Geld wert.

Und überhaupt, man kennt das doch: *Una bugia è una bugia,* so ein venezianisches Sprichwort, *cento bugie sono mezza verità*. Eine Lüge ist eine Lüge, hundert Lügen sind die halbe Wahrheit. Damit hat man sich in Venedig seit Jahrhunderten eingerichtet.

Am 14. Dezember 2003 wird La Fenice wiedereröffnet. Aus allen Teilen Italiens und der Welt treffen Prominente ein. Nur dreihundert der tausend Plätze sind für die Venezianer reserviert. Sie, die eigentlichen Hausherren, müssen draußen bleiben. Karten sind im Internet zu ersteigern und kosten zwischen fünfhundert und tausendneunhundert Euro. Das italienische Fernsehen überträgt den Abend, das immerhin. Riccardo Muti dirigiert Orchester und Chor des Fenice, auf dem Programm stehen Beethovens »Weihe des Hauses«, die Psalmensymphonie von Igor Strawinski, das »Te Deum« von Antonio Caldara und der Kaiser- und Huldigungsmarsch von Richard Wagner. Sind damit alle bösen Geister besänftigt, San Floriano um seinen Segen gebeten, das Haus für immer vor weiteren Unglücken geschützt? Hinter den Kulissen ein leichtes Donnern. Der Vorhang fällt.

Eine Stadt fällt aus der Zeit

Alltag in Venedig? Eine Spurensuche

Über vierhundert Brücken soll es in Venedig geben, mit ungezählten Treppen, dazu ein labyrinthisches Gewirr an Gassen und Durchgängen, unendlich viele *sottoporteghi, rami* und *rughette.* Und kein Bus in der Nähe, kein Auto, kein Fahrrad. Wer in Venedig lebt, nimmt seine Füße unter den Arm. *Traghetti* und *vaporetti* machen die Wege kürzer, doch das Gehen gehört zum Alltag wie die Mokassins, Sportschuhe und Stiefel, solide geschnitten, gut besohlt, fest geschnürt. Venedig hat nichts übrig für Stilettos und hochhackige Pumps. Wo der Boden schwankt, kommt auch der Gang ins Stocken. Gut, wer sich auf seinen festen Schritt verlassen kann.

Das weiß auch Gabriele Gmeiner. Sie ist Schuhmacherin, eine der wenigen, die es in Venedig noch gibt. Seit 2002 hat sie eine Werkstatt am Campiello del Sole im Herzen des Sestiere di San Polo. Ein kleiner Platz, nahe beim Fisch- und Gemüsemarkt von Rialto. Alte Gebäude wachsen nach oben, einfache Wohnhäuser neben *palazzi* mit gotischen Fenster- und Türwölbungen. Der Putz bröckelt, die Farben der Wände sind verwaschen. Feuchtigkeit kriecht die Mauern hinauf.

Auf der Nordseite des Campiello ein ebenerdiges Geschäftslokal, Backstein, Fenster und Tür mit grünen Läden. In seinem Inneren zwei Arbeitsräume, eine niedrige Decke, getragen von alten Balken. Handwerkszeug, wohin man schaut: Hammer, Zangen und Messer in allen Größen, Raspeln, Spitzknochen und Täcksheber. Eine Werkbank, zwei Tische. In einer Ecke ein Lehnstuhl, der Platz für den Kunden.

Morgens von halb zehn bis eins, und dann wieder von drei bis halb acht am Abend sieht man Gabriele Gmeiner in ihrer *bottega* sitzen, hochkonzentriert, in die Arbeit versunken. Ab und zu klopft jemand ans Fenster und winkt ihr zu, Nachbarn oder Bekannte. Man habe sie immer schon neugierig beäugt und dann herzlich aufgenommen, erzählt sie. Das hat ihr schon 1997, als sie erstmals nach Venedig kam, gefallen.

Gabriele Gemeiner ist Vorarlbergerin, 1972 bei Bregenz geboren. Mit neunzehn zieht sie nach London, in die Hochburg der Schuhmacher. Dort besucht sie das renommierte Cordwainers College, um danach in verschiedenen Ateliers zu praktizieren, bei John Lobb in London, dem britischen Hofausstatter, und auch bei Hermès in Paris. Ihre Lehr- und Wanderjahre, die Walz. Sie sieht sich um und landet schließlich in Venedig, in der Werkstatt des Rolando Segalin. Doch nach einem Jahr bricht sie neuerlich auf, diesmal nach Japan. Dort verwirklicht sie ein eigenwilliges künstlerisches Projekt. Sie reist durchs Land und lernt dabei die alten Handwerkstechniken kennen. Ein spannender Weg, zwischen Tradition und Moderne. Man habe sich mit Händen und Füßen verständigt, lacht sie, eine der schönsten Arten, mehr über Japan zu erfahren. Aus diesen Erfahrungen entstehen sechs Paar Schuhe, jedes mit einer Geschichte. Sie werden ausgestellt, zuerst in Tokio, später in Wien und Venedig.

»Beim ersten Mal war es eine Liebesbeziehung, doch beim zweiten Anlauf eine Vernunftehe«, so Gabriele Gmeiner, als sie 2002 nach Venedig zurückkehrt. Rolando Segalin hat ihr die Nachfolge in seiner Werkstatt angeboten, zusammen mit einem Partner. Doch das geht nicht gut, Gabriele hat ihren eigenen Kopf. Da spielt ihr das Schicksal ein Geschäftslokal am Campiello del Sole zu. Es ist fünf Jahre leer gestanden, zuletzt hatte hier ein Weinhändler seine *enoteca* eingerichtet, glücklos. Er war in den Konkurs geschlittert. Ein schlechtes Omen? An sich ist die Lage gut. Die Rialtobrücke ist nicht weit, in ein paar Minuten ist man bei den Vaporetto-Stationen von San Silvestro und dem Mercato Rialto. Die Trampelfade laufen ganz in der Nähe vorbei, doch am Platz ist es ruhig, ruhig und vor allem auch: sonnig und hell. Das ist wichtig. Gabriele Gmeiner entschließt sich, das Lokal zu renovieren und eine Werkstatt zu eröffnen. *Scarpe su misura*, Maßschuhe. Derby, Oxford, Budapester, *made in Venice.* Einzelstücke, nach den persönlichen Vorlieben ihrer Klientel gefertigt.

Eigentlich sei der Maßschuh, wie sie ihn definiere, nichts für eine Kleinstadt wie Venedig, meint Gabriele Gmeiner, das sei ein Schuh für die Metropolen, für Banker aus Paris, London oder Frankfurt. Und so sind es auch die ausländischen

Kunden, von denen sie lebt, die finden es ziemlich chic, zu ihrer Schuhmacherin nach Venedig zu jetten. Deutsche, Franzosen, Spanier. Einer der treuesten Abnehmer kommt von noch viel weiter her. »Ich nenne ihn meinen Prinzen. Und er ist auch wirklich ein Prinz, in Bahrein, und was für mich noch wichtiger ist: Er liebt Schuhe«, erzählt Gabriele Gmeiner. »Der Prinz ist viel mehr als ein Kunde, er war von Anfang an dabei und agiert fast schon wie ein Mäzen, der mir alle Möglichkeiten offenlässt.« Des Prinzen Leisten hängt in ihrer Werkstatt von der Decke, zusammen mit vielen anderen, fein beschriftet und nummeriert.

Schuhmacher hatten im alten Venedig eine große Zeit, doch das ist lange her. Das Handwerk von heute trifft in Italien auf einen harten Boden. Nach dem Zweiten Weltkrieg hat der Staat die Industrialisierung des Landes gefördert, zum Leidwesen der kleinen Betriebe. Die Kommune unterstützt Jungunternehmer, das hat auch Gabriele Gmeiner erfahren, die Stadt hat ihr bei der Einrichtung der *bottega* finanziell unter die Arme gegriffen. Aber jetzt, da es darum ginge, ihr bei der Ausbildung eines Lehrlings zu helfen, hält man die Taschen zu. »Die bieten mir jedes Mal Geld für Maschinen an, aber das will ich nicht, ich will Hände.«

Der Produktionsprozess ist aufwendig: Zuerst wird Maß genommen und der hölzerne Leisten hergestellt, ein vereinfachtes Abbild des Fußes, das die Passform steuert. Dann wird ein Probeschuh angemessen, den die Kunden ein bis zwei Wochen lang tragen. »So sehe ich, wie sich der Fuß im Schuh verhält. Und entsprechend korrigiere ich den Leisten. Den Probeschuh, den ich schnell und aus einfachem Leder gefertigt habe, werfe ich dann weg.« Um fortan nur mehr am Original zu arbeiten.

Natürlich hätten sie ihre Freunde und Nachbarn auch schon nach dem Preis ihrer Schuhe gefragt, und dann verwundert den Kopf geschüttelt: dreitausend Euro für das erste Paar, tausendachthundert für das zweite und jedes weitere, weil da der Leisten schon existiert. Zu viel. Sie habe noch nie für Venezianer Schuhe angefertigt, erzählt Gabriele Gmeiner, das täte ihr leid. Aber unter ihren Preis kann sie nicht gehen. Sie hat Fixkosten, die Miete, eine Mitarbeiterin.

Zwei bis drei Paar Schuhe fabriziert sie jeden Monat. Eigentlich sollten es vier Paar sein, meint sie, erst dann würde es sich wirklich rechnen. Ein halbes Jahr muss man auf seine Bestellung warten, das dann doch. Wer bei Gabriele Gmeiner ordert, lernt den langsamen Gang. Und Touristen, die Venedig im Laufschritt zu erobern suchen, verirren sich ohnehin nur selten zu ihr. Und wenn, dann schauen sie neugierig durchs Fenster und ziehen gleich weiter.

Mehr als vierundzwanzigtausend Hotelbetten soll es in Venedig geben, wird vermutet. Wirklich genau will es niemand wissen. Die früher strengen Bestimmungen für die Vermietung von Zimmern sind gefallen, seither wächst auch die Zahl der privaten Quartiere. Wer die Menschen zählt, die auf diese Weise tagtäglich über die Stadt hereinbrechen, erschrickt. Gut vierzehn Millionen Besucher, so schätzt man, überfluten die Straßen, Gassen und Plätze Jahr für Jahr, viele von ihnen bleiben auch über Nacht. Dem gegenüber stehen die etwa fünfundvierzigtausend Venezianer, die im historischen Zentrum Venedigs wohnen.

Wie lebt es sich in der Gesellschaft konsumhungriger Touristen? Umgeben von Kameras, laut schreienden Fremdenführern, *gondolieri*, die sich auf ihre Beute stürzen? Ruhigere Plätze muss man suchen, in Teilen Cannaregios, im äußersten Osten von Castello, in Santa Croce. Oder auf der Giudecca, jenseits des großen Kanals: eine Reihe schmaler Inseln, durch Brücken miteinander verbunden und im Venezianischen *spina lunga* genannt, langer Dorn. Früher einmal haben hier, so vermutet man, die *giudicati* gehaust, die Ausgestoßenen, Verbannte, die man im Herzen Venedigs nicht haben wollte. Bis auch die Venezianer im 14. Jahrhundert entdecken, dass es sich außerhalb des Zentrums, wo der Blick weiter wird, freier atmet als in den engen Gassen um San Marco und die Rialtobrücke. Sie bauen auf der Giudecca ihre *palazzi* und legen Gärten an, um hier die heißen Sommermonate zu verbringen. Erst als die Villen auf der Terraferma in Mode kommen, verlässt man die Paläste auf der *spina lunga*. Die Inseln gehören nun wieder sich selbst, sich und den Fischern und Bootsbauern, den Arbeitern in den Fabriken und Werften, den Künstlern und Exzentrikern.

Die Giudecca ist bis heute eines der stillsten,

aber auch ärmsten Stadtviertel geblieben. Nur an wenigen Punkten spiegelt sich der Reichtum Venedigs. Bei Harry's Dolci etwa, einem Ableger der berühmten Harry's Bar: Regiesessel am Wasser, weiß gedeckte Tische, feinstes Glas. Auf der Speisekarte der Risotto Primavera um zweiunddreißig Euro, ein gebratener Wolfsbarsch um zweiundfünfzig. Ein paar Häuser weiter goldene Lettern auf einem Backsteinbau. Fortuny. Hier werden immer noch jene prächtigen Stoffe produziert, die der aus Spanien stammende, später in Venedig ansässige Designer Mariano Fortuny y Madrazo entworfen hat.

Fast direkt daneben der frühere Mulino Stucky, die Mühle des Pastaproduzenten Giovanni Stucky, ein riesiger Industriedampfer, Backsteingotik. Stucky wurde 1910 von einem seiner Arbeiter ermordet, die Mühle 1955 geschlossen. Sie stand jahrelang leer, brannte aus, drohte zu verfallen. Bis eine international agierende Hotelkette die Renovierung in die Hand nahm und im alten Gemäuer ein Fünf-Sterne-Etablissement einrichtete. Ein Holzboot ankert vor dem Eingang und verschifft die Gäste zwischen Zattere, San Marco und ihrem luxuriösen Domizil. Denkmalpflege eigener Art auch am anderen Ende der Giudecca: In die Zitelle, eine Kirche unweit des Hotel Cipriani, und in das angeschlossene Kloster ist ein Hotel eingezogen, zusammen mit einem luxuriösen Spa. Ruhe, gedämpfte Schritte, nur das Vogelzwitschern in der einstigen *abbazia*.

Gelebt aber wird andernorts, entlang der Kanäle und Kais, in den Hinterhöfen der Fabriken, in den leicht heruntergekommenen Bars und Trattorien, die in den Gourmetführern nicht vorkommen, in den Läden mit den staubigen Regalen, wo alles lagert, was man tagtäglich braucht, von der *pasta* bis zur Wäscheleine und der Kernseife. In der Chiesa di Sant'Eufemia wird gerade der Boden geschrubbt, auf einem Regal liegen Ratgeber für alle Lebenslagen. Hinweise für das Verhalten bei *aqua alta*, dem Hochwasser, Einladungen zu den vorbereitenden Veranstaltungen der »Preparazione al Sacramento del Matrimonio«, Eheseminare für Brautleute. Daneben die Prospekte der Caritas: »Pro Salute Mentale« – für einen gesunden Geist. Alle Vorträge gratis.

Ein paar Häuser weiter die örtliche *enoteca*, ein kleiner Raum mit Weinfässern und Plastiktanks. Auf einer Schiefertafel das Menü: ein Liter Prosecco – 2,20 Euro, ein Liter Pinot Grigio – 1,97 Euro, ein Liter Tocai – 1,89 Euro. Man gustiert gleich an der Theke und lässt sich das Gewünschte in die mitgebrachten Gefäße abfüllen. Ein paar einsame Flaschen stehen im Regal: Der Wein für spezielle Gelegenheiten. An der Fondamenta San Giacomo der Eingang zu einer großen Werft, mit vielen Betrieben. Schleifmaschinen sind zu hören, ein Hämmern und Klopfen, eine Sirene. Es riecht nach nassem Lack. Hier werden Holzboote hergestellt, Motorboote gewartet, Planen und Segel erzeugt. Im Zentrum des Areals eine riesige Halle, das Parkhaus für Boote, in vier Etagen übereinander gelagert. Ausfahrten in der Lagune, mit größeren und kleineren Motorbooten, zählen zu den liebsten Freizeitbeschäftigungen der Venezianer. An den Wochenenden sieht man sie übers Wasser rasen. In ihrem Schatten Ruderer, die für die Regatten trainieren. Sie folgen den Traditionen, die *voga veneta* lebt weiter: Die Ruderer, so die Regel, müssen in ihren Gondeln stehen, ein Balanceakt eigener Art. Sie schieben sich erstaunlich schnell durch die Lagune.

Vor einer der Bars mit Blick auf den Canale della Giudecca sitzen schon morgens die alten Männer auf ihren weißen Plastikstühlen. Sie starren aufs andere Ufer, haben das Treiben auf den gegenüberliegenden Zattere vor Augen: Tischchen unter Sonnenschirmen, Menschentrauben vor Nicos Eissalon, Studenten, die zu ihren Vorlesungen hasten. Die Männer auf der Giudecca halten sich an ihre *ombra*, ihr Glas Wein, die Gesichter unbewegt. Die Zeit vergeht langsam.

In der Auslage des *parrucchiere* Guarraia vergilben die Bilder der neuesten Frisuren. Unter den Fotos vier Bücher, liebevoll drapiert. Angelo Guarraia heißt der Autor, ein schwarzhaariger junger Mann mit melancholischem Blick. Im Inneren des Ladens sieht man ihn warten, einen grau gewordenen Herrn, in seine Zeitung versunken. Einen einzigen Stuhl hat er in seinem Salon stehen, das Chrom ist längst trüb geworden. Kein Kunde weit und breit. Der Tag wird lang. An der Wand der Bar nahe der Vaporetto-Haltestelle Redentore, unweit der berühmten Palladio-Kirche, eine Urkunde unter Glas: Diploma di Eccelenza. In der Vitrine liegen *cicchetti*, kleine Brötchen mit Stockfisch, Meeresschnecken und *moscardini*, wie man die kleinen Tintenfische nennt. Daneben Mozzarella und Sardellen in Backteig, dazu Reisbällchen und gebratene Zucchini. Die Boote, die die Giudecca mit San Marco und den Zattere verbinden, halten fast vor der Tür. Das belebt das Geschäft. Der neueste Tratsch läuft von Ohr zu Ohr.

Gleich um die Ecke der Rio della Croce. An seinem Ende ein geheimnisvoller Garten, hinter hohen Mauern versteckt und nur über eine Brücke zu erreichen. »Giardino Eden« ist auf dem Schild neben der Glocke zu lesen. Doch niemand da, der öffnet. Das Tor ist versperrt, was sonst? Das Paradies bleibt verschlossen, und gut bewacht ist es ohnedies. Das Männergefängnis liegt nebenan. Die Wärter sitzen beim Eingang und blinzeln in die Sonne. Nichts zu tun.

Der Markusplatz, der Dogenpalast, die Tauben – weit weg. Doch im Sestiere di San Marco möchte ohnehin niemand leben, der die trägen Tage auf der Giudecca gewohnt ist. Dort drüben, auf der anderen Seite des Kanals, wird der Alltag zum Hürdenlauf. Geschäfte verschwinden, der Bäcker von nebenan, der Laden mit der wunderbaren Auswahl an Nähseide, Zwirn und Knöpfen, der Schuster und die Friseurin. Alle weggezogen. Die internationalen Designer haben den Bezirk übernommen, die Glasgeschäfte und Maskenverkäufer. Konfektion allerorts.

Die Wege des täglichen Lebens sind mühsam

und weit, Lärm und Gedränge auf den Straßen unerträglich, das im Herbst und Frühling regelmäßig wiederkehrende Hochwasser lähmend. Immer mehr Venezianer verkaufen ihre *palazzi* und Wohnungen und übersiedeln auf die Terraferma, nach Mestre oder Marghera. Von dort aus pendeln sie zu ihren Arbeitsstellen in der Gastronomie und Hotellerie. In Venedig lässt sich mehr Geld verdienen als anderswo, da lohnt sich die kurze Anreise. Die Immobilienagenten machen sensationelle Geschäfte. Touristen stürzen sich auf die frei gewordenen Paläste und Appartements und treiben damit die Preise nach oben. Über die Zahlen wird geschwiegen, die Prominenten, die sich hier einkaufen, vertrauen auf Diskretion.

Die jungen Venezianer leben lange bei den Eltern. Wenn sie dann doch ausziehen, wird die Wohnungssuche zur Odyssee. Kaum jemand, der längerfristig vermieten will. Zu groß ist die Verführung, ganze Häuser oder auch nur Etagen zu Pensionen umzubauen und damit sehr viel mehr Geld zu machen. So wandern auch die jungen Familien ab. Venedig ist überaltert, ein Gutteil der *residenti* ist über sechzig. Am Abend wird es schnell dunkel. Bei Einbruch der Dämmerung schließen sich die Fensterläden, niemand lässt sich gern in die Salons, Zimmer und Karten schauen. Kaum Licht, das nach außen dringt. Weil man für sich bleibt – oder weil niemand da ist. Allein am Canal Grande funkeln die Luster, beleuchten die prächtigen Stuckdecken, Bibliotheken und Bilder und eröffnen den Blick in die Hallen luxuriöser Hotels.

Doch die meisten der anderen *palazzi* Venedigs stehen das ganze Jahr über leer.

Viele Venezianer seien vergrämt, hat Gabriele Gmeiner beobachtet. Sie reden schlecht über die Touristen, hauen sie übers Ohr und verspotten sie hinterrücks, obwohl sie wissen, dass sie ohne den Fremdenverkehr ein ganz anderes Leben führen müssten. Das Denken wird kleinmütig. Man fühlt sich als Opfer dieser Abhängigkeit und schafft es nicht, über den eigenen Tellerrand hinauszublicken. Venedig sei eben sehr provinziell, diagnostiziert Gabriele Gmeiner. »Die meisten verkaufen die Lüge, Masken und Glas aus China, Dinge, die sich in Venedig niemand selbst in die Wohnung stellen würde. Nichts wirklich Schönes.« Die innere Zerrissenheit macht bitter.

Das zu beobachten, ärgere und schmerze sie, bekennt Gabriele Gmeiner. Doch zurück nach Österreich möchte sie dann doch nicht. Zwei- bis dreimal im Jahr fährt sie nach Wien oder Vorarlberg, um dann gerne wieder heimzukehren nach Venedig. Der Zusammenhalt ist hier größer als anderswo, hat sie erfahren. Ohne Hilfe von außen hätte sie ihr Geschäft nicht aufbauen können. »Anfangs konnte ich kein Italienisch, aber das hat sich schnell verändert. Die Italiener reden ja gern und viel.« Man komme schnell ins Gespräch, meint sie. Venedig sei immer noch eine mittelalterliche Stadt, mit kleinen Strukturen. Alles ist eng. Da läuft man einander fast ständig über den Weg. Und überhaupt: Der Lebensrhythmus entspricht ihr. In einer Stadt, in der man nicht mit dem Auto aneinander vorbeirasen kann, nimmt man sein Gegenüber viel intensiver wahr. Der Schritt verlangsamt sich, das Auge kommt endlich zur Ruhe. »Und das gefällt mir: ein bisschen aus der Zeit zu fallen.« Aus der Zeit und aus dem Rahmen. Alles ist anders, als es scheint.

Versteckte Türen, vergessene Luken

Streifzüge durchs venezianische Ghetto

Zuerst ist nicht viel zu sehen: Häuser, die ins Blau des Himmels drängen, davor ein Kanal, überspannt von einer schmalen Holzbrücke. Sie mündet in ein schwarzes Loch, in einen düsteren Durchgang. Erst nach und nach schiebt sich ein Schild in den Blick, graue Lettern auf weißem Grund. Ghetto Nuovo. Eines von vielen, und doch ein ganz besonderes: Das Ghetto von Venedig ist das älteste der Welt. Ein Kreis hoher Gebäude, auf allen Seiten von Wasser umgeben und nur durch drei Brücken mit der übrigen Stadt verbunden. Leben auf einer Insel – und auf unsicherem Grund.

Der Campo del Ghetto Nuovo liegt im Morgenlicht. Ein paar Bäume und Steinbänke, ein Marmorbrunnen, von einer dicken Eisenplatte verschlossen. Häuser in verwittertem Grün, Rostrot, Braun. Polizisten drehen ihre Runden, der *campo* wird den ganzen Tag über bewacht. Nein, passiert sei noch nichts, erfährt man, aber man wisse ja nie. In einer Ecke des Platzes das Holocaust-Denkmal des jüdischen Künstlers Arbit Blatas: sieben Kupferreliefs mit Szenen der Deportation, eingelassen in eine Mauer, darüber Stacheldraht. Direkt daneben die Casa di Riposo Israelitica, das jüdische Altersheim. Es wirkt verlassen. Nur eine Katze sitzt am Fenster und schaut trägen Blickes auf den

Platz. Der Faschismus hat Wunden hinterlassen, sie vernarben schlecht.

Die Geschichte der Juden Venedigs ist keine einfache, geradlinige. Der Mythos, die Stadt habe Flüchtlingen aus allen Himmelsrichtungen Europas Tore und Herz geöffnet, scheint langlebig. Wer in die Archive geht, sieht ihn auseinanderbrechen. Schon im 5. und 6. Jahrhundert kommen erste Juden nach Venedig. Man duldet sie als Händler, doch mehr auch nicht. Wohnen dürfen sie nur auf dem Fondaco dei Tedeschi oder auf dem Festland, in Mestre und Treviso. Mit der Verfolgung der Juden im 14. und 15. Jahrhundert lassen sich weitere Kaufleute mit ihren Familien im Herrschaftsgebiet der Venezianer nieder. Als man ihnen einen eigenen Friedhof am Lido zugesteht, geht die Kunde von der Toleranz der Lagunenstadt durch alle Lande. Hier sei man sicher vor der Inquisition, heißt es, hier würden sogar Christen bestraft, die Übergriffe auf die jüdische Bevölkerung versuchten. Auch Beamte seien angewiesen worden, sich keinerlei diskriminierender Handlungen und Repressalien schuldig zu machen.

In den darauffolgenden Jahrzehnten strömen immer mehr Juden in die Stadt. Die Ängste der Venezianer wachsen: Die Geistlichen bangen um das Seelenheil ihrer Schäfchen, Adel und Kaufleute um ihre Pfründe. Man müsse sehen, wie man die Juden kontrolliere, meinen die einen, man solle ihnen doch einen eigenen kleinen Bezirk zugestehen, sagen die anderen. Dort könnten sie dann ganz nach ihrer Fasson leben. Im Jahre 1516 wird eine Abmachung unterzeichnet. Die Juden dürfen fortan eine kleine Insel am Rande der Stadt besiedeln, auf dem Gelände einer früheren Gießerei in Cannaregio. Sie ziehen dort ein. Die meisten von ihnen sind Deutsche. Ihr Italienisch ist schlecht, sie haben Mühe mit der Aussprache. Das italienische Gießen, *gettare*, wird zu *ghettare*, das *getto*, wie die Gießerei heißt, zu Ghetto. Ein Begriff entsteht. Er läuft von hier aus durch Europa.

Das Ghetto von Venedig im 16. und 17. Jahrhundert: eine Stadt in der Stadt, streng observiert und von Gesetzen geknechtet. Ein winziger Bezirk mit koscheren Fleischern und Bäckern, mit Badehäusern, Schulen und Synagogen. Seine Bewohner erkennt man an den gelben Hüten, die ihnen Doge und Großer Rat bei Strafe verordnet haben. Man will die Juden identifizieren, ihre Wege kontrollieren und den Freiraum beschränken. Zwei Stunden Ausgang pro Tag werden den Ghetto-Bewohnern zugestanden. Damit kommt man nicht weit. Die Venezianer positionieren Wachen an allen drei Eingängen des Ghettos und lassen die jüdische Gemeinde dafür zahlen. In der Nacht werden die Tore geschlossen und die Kanäle von Kontrollbooten aus gesichert. Will man die Juden beschützen oder einsperren?

Streng auch die anderen Auflagen. Anfangs dürfen Juden lediglich als Geldverleiher, Ärzte und Altkleiderhändler arbeiten. Die Abgaben an die Kommune von Venedig sind hoch, und selbst die Bedingungen für die Aufenthaltsgenehmigung müssen alle fünf bis zehn Jahre neu ausgehandelt werden. Die oft zitierte Toleranz – bloßes Kalkül. Man mag ja über die jüdische Religion und Lebensweise spotten, doch wenn es ernst wird, holt man sich den Medikus aus dem Ghetto. Ähnlich bei den Banken. Später werden auch die Drucker hoch geschätzt. Und überhaupt: Auf die Juden ist Verlass. Sie zahlen ihre Steuern pünktlich, sie sind da, wenn man sie braucht. Die *comunità israelitica* richtet viele der pompösen Feierlichkeiten und Bankette der Adeligen aus – ohne selbst daran teilnehmen zu können.

Die Forderungen der Stadt werden zusehends dreister. Und doch drängen weitere jüdische Flüchtlinge nach Venedig. Zu den Ashkenasen kommen Levantiner aus dem Orient und Sepharden aus Spanien und Portugal. Ein Schmelztiegel, auf kleinstem Raum. Das Ghetto, einst für sechshundert Menschen eingerichtet, platzt aus allen Nähten. Nach langen Verhandlungen gesteht man den Juden ein weiteres Stück Land zu. Bis zu fünftausend Menschen wohnen hier zusammen. Man streitet sich um jeden Quadratmeter. Die Häuser wachsen in die Höhe, Zwischendecken werden eingezogen, die Zimmer kleiner. Es gibt Kammern, in denen man kaum mehr stehen kann. Den Juden gehört nichts, Grund und Boden bleiben im Besitz der venezianischen Kommune. Das wenige Geld, das die jüdische Gemeinde nicht für Leben und Steuern braucht, fließt in die Synagogen. Das Kulturleben wird immer reicher.

Die Bäume auf dem Campo del Ghetto Nuovo werfen magere Schatten. Ab und zu ein paar

Menschen, die den Platz überqueren. Vor dem Jüdischen Museum eine Bande lärmender Schulkinder. Die Führung wird zur Tour durch rätselhafte Türen, Gänge und Pforten. An einem der Häuser eine kleine Kuppel, auf einem anderen ein Turm. Und an einem dritten die fünf Fenster. Die beiden mittleren Läden bleiben auch tagsüber geschlossen.

Hinter dieser Fensterfront liegt die wohl schönste Synagoge des Ghettos, versteckt, als müsste man sie vor zerstörerischen Blicken und Angriffen schützen. Scole heißen die Synagogen in Venedig, die Scola Grande Tedesca, 1528 gebaut und hinter der Fensterfront verborgen, ist die älteste. Ein achteckiger Raum, fast schon wie ein venezianisches Theater, mit seiner Empore, den geschnitzten Gebetsstühlen, den marmorierten Wänden. Sie sind aus Holz und kunstvoll bemalt. Marmor zu verwenden war den Juden ebenso verboten wie jüdische Künstler zu beschäftigen. Also holte man christliche Baumeister, Stuckateure, Kunsttischler und Skulpteure in die Synagogen. Sie brachten den Stil der venezianischen Gotteshäuser mit und trugen Elemente der jüdischen Kultur in die übrige Stadt hinaus: In den Kirchen Venedigs findet man immer wieder hebräische Inschriften, geheime Nachrichten, die zwischen den Religionen hin- und hergehen. Der heilige Schrein in der Scola Levantina im Ghetto Vecchio gleicht dem Altar der Vendramin-Kapelle von San Pietro di Castello bis hin zu den Ornamenten und der Verjüngung der Säulen. Ein Entwurf von Barockbaumeister

Baldassare Longhena. Zusammenleben à la Veneziana?

Mit dem Niedergang der Stadt verarmen auch die Juden. Viele brechen auf und suchen in Städten wie Padua oder Livorno nach besseren wirtschaftlichen Möglichkeiten. Gleichzeitig siedeln sich weitere Juden aus Nord- und Osteuropa an, die dort unter Verfolgungen zu leiden hatten. Es wird enger, düsterer. Napoleon erscheint als Lichtgestalt. »Damit sichtbar wird«, befindet er, »dass es keine Trennung zwischen den Juden und den anderen Bürgern dieser Stadt mehr gibt, sollen sofort jene Tore entfernt werden, die in der Vergangenheit den Bezirk des Ghettos einschlossen.« Am 7. Juli 1797 werden die mächtigen Portale weggerissen, die Wachen entfernt und die Holzflügel verbrannt.

Und doch dauert es nochmals ein halbes Jahrhundert, ehe man der jüdischen Bevölkerung die Bürgerrechte zugesteht. Nach und nach lassen sich Juden auch in anderen Teilen Venedigs nieder und integrieren sich in das soziale Leben der Stadt. Das Ghetto verkommt. »In dem Stück Venedig, von dem ich erzähle, sind nur arme tägliche Geräusche«, heißt es bei Rainer Maria Rilke. »Die Tage gehen gleichförmig darüber hin, als ob es nur ein einziger wäre, und die Gesänge, die man dort vernimmt, sind wachsende Klagen, die nicht aufsteigen und wie ein wallender Qualm über den Gassen lagern. Sobald es dämmert, treibt sich viel scheues Gesindel dort herum, unzählige Kinder haben ihre Heimat auf den Plätzen und in den engen kalten Haustüren und spielen mit Scherben und Abfällen von buntem Glasfluss, demselben, aus dem die Meister die ernsten Mosaiken von San Marco fügten.«

Wer ist nun Jude und wer nicht? Im Venedig des 19. und beginnenden 20. Jahrhunderts scheint das niemanden zu interessieren. Bis die Rassengesetze auftauchen und die Deutschen die Lagunenstadt okkupieren. Zwischen Dezember 1943 und Oktober 1944 wird die jüdische Gemeinde deportiert. Den Venezianern könne man in diesem Fall keine wirklichen Vorwürfe machen, hört man vielfach. Viele von ihnen hätten untergetauchte Juden durch den Krieg gebracht und einen Großteil der Kultgegenstände versteckt, die sich heute im Jüdischen Museum bewundern lassen.

Nur acht Juden fanden nach dem Krieg nach Venedig zurück. Jene, die den Holocaust überlebt hatten, trauten sich das Leben in Italien nicht mehr zu, viele emigrierten in die USA und nach Israel. Knapp zweihundert Juden wohnen heute in Venedig, verstreut über die ganze Stadt, etwa ebenso viele in der Umgebung, in Mestre, Treviso und Belluno. Nur wenige sind dem Ghetto bis heute treu geblieben. Die Haus- und Wohnungspreise sind ins Unermessliche gestiegen, die Quadratmeterpreise ähnlich hoch wie in Manhattan. Die Jungen ziehen Richtung Festland davon, die wenigen Alten bleiben. Flüchtlinge aus Osteuropa würden sich nur zu gern hier ansiedeln, doch wer kann sich Venedig leisten?

Es sei schwer, in Venedig jüdisch zu sein, erzählt eine junge Frau im Museo Ebraico. Die Stadt lebt allein von den Touristen, vom Handel. Wer den Sabbat einhält und am Samstag kein Boot benützen darf, kann als Kaufmann kaum durchkommen. Im Sommer sind die Synagogen gut besucht, von jüdischen Gästen aus aller Welt. Doch im Herbst und Winter, wenn das Hochwasser die Straßen überflutet – was dann? Dann sitzen am Sabbat auch die Touristen in ihren Hotels fest. Die Synagogen verwaisen.

Und doch: Das Ghetto lebt weiter. Ein kleines Hotel hat sich hier niedergelassen, es gibt zwei koschere Restaurants und eine Fleischerei, eine Druckerei, eine Kunsthandlung. Eine Bäckerei bietet *dolci ebraici* an, *prodotti casher*, wie eine Expertise des Rabbiners versichert, die im Fenster hängt. In den Vitrinen liegen Strudel, Pane Azimo und Orecchie di Aman. Neue Geschäfte haben sich entlang der Calle Ghetto Vecchio angesiedelt. In den Auslagen glitzert es: Chanukka-Leuchter aus Murano-Glas, fein ziselierte silberne Schatullen für Schmuck und Gebetsbücher, ein gläsernes Schachspiel mit jüdischen Figuren, Ashkenasen gegen Sepharden. Daneben Schmuckstücke, Ringe und Anhänger mit dem Davidstern aus jenen bunten Perlen, die in Venedig an jeder Straßenecke verkauft werden.

Es ist dunkel geworden. Der Mond versteckt sich hinter den hohen Häusern, der Campo del Ghetto Nuovo scheint wie leer gefegt. Die Läden der Fenster sind fest verschlossen. Aus den Ritzen dringt Licht, kaum auszumachen. Eine Katze streift die Mauern entlang, schwarz, mit weißen Pfoten. Sie drückt sich an das helle Fenster des kleinen Restaurants. Doch sie muss draußen bleiben, hier will sie niemand haben. Etwas später jagt sie über den Platz, ein dunkles Tor geht auf, die Katze verschwindet mit einem Satz. Leben im Ghetto. Irgendwo findet sich doch noch eine offene Tür, und dahinter Licht.

für B. L.

In der Lagune wird es dunkel

Baruffe chiozzotte, Streit in Chioggia

Da liegen sie also, die kleinen Muscheln, die für so viel Lärm sorgen: Venus- und Herzmuscheln, fein marmoriert, fünf Euro das Kilo. Fischmarkt in Chioggia, in der Pescheria hinter dem Palazzo Granaio. *Spaghetti alle vongole, zuppa di pesce, risotto ai frutti di mare*. Die Köche greifen zu. Das seien Muscheln aus der Adria, beteuern die Fischhändler, *sicuramente*, die kommen nicht aus der Lagune. Doch *wer* diese Tiere *wo* gefangen hat, das will hier ohnehin niemand wissen, zumindest nicht so genau. Augen zu und ab in den Topf. Nur unter der Hand wird gemunkelt, Gerüchte ziehen ihre Runden. In der Nacht seien sie wieder beobachtet worden, die *caparossolanti*, die Muschelmänner, diese Piraten. In nur zwei Stunden hätten sie fast fünfhundert Kilo aus dem Wasser gezogen. Und sicher in den Hafen gebracht. Das vor allem.

Seit etlichen Jahren lässt Chioggia durch die Meldungen von erbitterten Kämpfen aufhorchen. Polizei und *caparossolanti*, so hört und liest man, liefern sich heftige Gefechte. Die Streitigkeiten erhitzen die Gemüter und spalten die Bevölkerung. Die Piraten fischen illegal in jenen Teilen der Lagune, in denen der Dreck der Ölindustrie von Mestre und Marghera durchs Wasser treibt und die Natur zerstört. Doch den *caparossolanti* sind die Sperrzonen egal – und die italienischen Steuergesetze erst recht. In ihren schnellen Booten jagen sie durch die Lagune, um den Meeresboden nach Muscheln zu durchkämmen. Zweihundert bis vierhundert PS und feinnervigste Radargeräte eröffnen ihnen neue Möglichkeiten, an Geld scheint es nicht zu fehlen. An Land sitzen Spitzel und Informanten, man verständigt sich via Handy: Wann haben die Polizisten den Hafen verlassen, wo sind sie gesichtet worden, in welcher Gegend der Lagune sind Razzien zu befürchten?

Die *fiamme gialle*, wie die Finanzbeamten in ihren gelben Boot heißen, haben es schwer. Die meisten von ihnen kommen aus dem Süden Italiens. Sie sind mit den Chioggiotti nicht verwandt und verschwägert, und befreundet schon gar nicht. Das soll helfen. Doch die Bilanzen ihrer nächtlichen Verfolgungsjagden sind mager: Es gab Jahre mit etwa hundert beschlagnahmten Booten und zweihundertfünfzig Anzeigen gegen Lagunenpiraten. Die wenigsten von ihnen wurden verurteilt. Dazu fünfzig Tonnen Muscheln, die konfisziert wurden – ein Bruchteil dessen, so schätzt man, was widerrechtlich aus dem Wasser geholt wird. Doch ob all die Zahlen, die durch Chioggia und die Medien geistern, auch stimmen? Wirklich genau kennt sie niemand, so genau will das niemand wissen. Die Chioggiotti halten zusammen, einer deckt den anderen. Den Nachbarn kann man nicht anzeigen, und den Cousin schon gar nicht. Also hält man den Mund. Vieles bleibt im Dunkeln, allen Untersuchungen zum Trotz. Die einen sprechen von etwa zweihundert *caparossolanti*, die in der Lagune unterwegs sind, andere von fast tausend. Da schnappen nicht nur die Fische nach Luft.

Wie eine Gräte liegt Chioggia in der südlichen Lagune von Venedig: in der Mitte der Corso del Popolo und der Canale della Vena, davon abgehend über siebzig kleine Gassen, fast alle von Wasser umschlossen. Chioggia ist die kleine Schwester von Venedig, ruhiger, weniger touristisch, näher dran am Alltag der Lagunenbewohner. Entlang der Kanäle und Straßen Häuser und Paläste, Loggien und Türme, enge Durchgänge und verwinkelte Hinterhöfe mit ein paar Grünstreifen und Bäumen. Auf der *lisca di pesce*, der Fischgräte, wohnen etwa zehntausend Chioggiotti, viermal so viele drüben in Sottomarina, der benachbarten Halbinsel mit ihren breiten Sandstränden, die um Touristen buhlen. Dort lassen sich fette Geschäfte machen. Die meisten davon legal.

Geschmuggelt sei in Chioggia immer schon worden, erzählen die älteren Fischer. Über Jahrhunderte habe man sehen müssen, wo man bleibt. Leicht war es nie, dem Meer und der Lagune sein täglich Brot abzutrotzen. Die Votivtafeln in Kirchen wie S. Giacomo oder S. Domenico und im Museo Diocesano sollen Ängste bannen: gekenterte Boote, von hohen Wellen umspült, Seeleute, die im Wasser um ihr Leben kämpfen. Schiffe mit zerfetzten Segeln, Sturm und Gewitter über der Lagune. Nur wer Gott, der Madonna und deren Gefolge vertraut, kehrt lebend an Land zurück. Und wer ihnen mit Votivgaben huldigt, erfüllt ein Versprechen. Demut und Dankbarkeit lassen den Glauben wachsen, der Aberglaube beschwört Geister aller Art. Nur so kommt man durch.

Schon um 2000 vor Christus, so vermutet man, haben in Chioggia Menschen gelebt. Gegründet wurde die Ansiedlung von den Etruskern, dichter bebaut von den Venetern, die sich hier vor den Hunnen und Langobarden in Sicherheit brachten. Um 1110 avancierte Clodia, wie der Ort von den Römern genannt wurde, zum Bischofssitz: Die Salinen hatten die Stadt wohlhabend gemacht. Um eben jenes Salz entbrannten mehrere Kriege. Dazu kamen im 14. Jahrhundert die Kämpfe zwischen Venedig und Genua, das sich den Zugang zur Adria zu sichern suchte. Chioggia wurde dabei fast vollständig zerstört und stärker denn je unter die Herrschaft der Venezianer gestellt. Es sank in die Bedeutungslosigkeit zurück.

Erst der Aufschwung des Fischfangs verhilft der Wirtschaft zu einer Blüte, zusammen mit den Früchten aus Äckern und Feldern. Der Radicchio Rosso, Rose von Chioggia genannt, wird berühmt. Mit dem Aufkommen des Tourismus im ausgehenden 19. Jahrhundert tun sich neue Perspektiven auf. In Sottomarina regieren Hotels und Sonnenschirme. Ein flacher Sandstrand, Liegestühle in Zehnerreihen, Cafés und Kioske, Bocciaspieler und Eisverkäufer. Etwas ruhiger die Uferstreifen auf der Isola Verde, zwischen den Mündungen von Brenta und Etsch. Noch weiter südwärts die Ebene zwischen Etsch und Po, die Grenzregion zur Emilia Romagna.

Wo die Flüsse gen Meer ziehen, verzweigen sich ihre Arme. Land und Wasser ringen miteinander. Fünfundzwanzig Kilometer hat sich das Podelta in den letzten dreihundert Jahren ins Meer geschoben. Die alten Karten stimmen längst nicht mehr, die Natur verändert sich ohne Ende. Auf den Inseln, Sandbänken und Landzungen nisten Reiher und Flamingos, Untiefen steigen bei Ebbe aus den flachen Seen, immer neue Wege und Kanäle wachsen aus dem Wasser. Kleine Fischerhäuser trotzen den Nebeln und Stürmen von Herbst und Winter, der Santuario Mazzucco, eine kleine Kirche, steht seit Jahrhunderten stoisch an seinem Ort. Nicht weit davon die Ruinen einer Hütte aus groben Felsblöcken. Wellen nagen am Gemäuer, Möwen sitzen auf den Resten des eingestürzten Daches. Über der Tür wacht der steinerne Markuslöwe. In ein paar Jahren wird man ihn suchen müssen.

Bis vor zwanzig Jahren hat es in Chioggia gut zweihundert Lagunenfischer gegeben. Inzwischen sind es etwa dreißig, die das Handwerk nach Art ihrer Väter und Großväter betreiben, Tendenz abnehmend. Gut siebzehntausend Tonnen Fische und Meeresfrüchte, so schätzt man, werden jährlich auf dem Großmarkt von Chioggia gehandelt. Das meiste davon stammt nicht aus der Lagune. Besonders die älteren Fischer haben resigniert, sie zucken mit den Achseln: Die Meeräschen, Seezungen, Krabben und Aale, die sie früher gefangen haben, gehen kaum mehr ins Netz. Die Lagune ist leer gefischt und verdreckt, viele der Laichplätze sind zerstört. Allein die Muscheln fühlen sich wohl. Ende der achtziger Jahre haben Züchter eine asiatische Verwandte der Venus- und Herzmuschel angesiedelt, mit durchschlagendem Erfolg.

In der Wärme der industriellen Abwässer gedeihen Mollusken besser als anderswo. Entsprechend hoch ist ihre Belastung mit Dioxin und Quecksilber, entsprechend große Sperrgebiete gibt es entlang dieser Küsten. Doch das kümmert die *caparossolanti* nicht weiter. Sie schleusen ihre Beute an den Gesundheitsbehörden und deren Hygienebestimmungen vorbei. Schwarzhändler bringen die Muscheln auf die Märkte, mit Gewinnspannen von bis zu dreihundert Prozent. Die Schätzungen klingen düster: Etwa die Hälfte der *vongole,* die auf diese Weise in den Pfannen und Töpfen landen, kommt aus gesperrten Zonen und ist chemisch verseucht. Behörden und Naturschützer kämpfen gegen Windmühlen. Die Händler bleiben unbehelligt, sie haben ihre Lobby in Rom. Und die Stadt freut sich über den wirtschaftlichen Aufschwung, Autohändler und Juweliere lachen sich ins Fäustchen.

Und überhaupt: Eigentlich sei das ja alles schwer übertrieben, was man da über die Piraten höre und lese, meinen die einen, das seien alles nur böswillige Gerüchte, die dem Fremdenverkehr und dem Ansehen der Stadt schadeten. Gar nicht wahr, kontern die anderen, es sei noch viel schlimmer, als man annehme. Und es müsse endlich härter durchgegriffen werden, Rom drücke immer noch beide Augen zu. »Le baruffe chiozzotte«, Streit in Chioggia. Schon

Carlo Goldoni hat es gewusst: Hier wird gerauft, geschrien, gezankt, und alle schauen zu. Doch was im Dunkeln geschieht, das hat ja keiner wirklich gesehen.

Gepriesen sei das süße Bangen

Liebessehnen in den Euganeischen Hügeln

Amor fand mich gänzlich ungerüstet vor,
er fand ins Herz den Weg über die Augen,
die nun den Tränen Tür und Tore öffnen.
FRANCESCO PETRARCA, Canzoniere, 3

Ein Karfreitag soll es gewesen sein, der Karfreitag des Jahres 1327, in Avignon. Dort, vor der Kirche Sainte-Claire, trifft ein junger Mann auf eine Frau, die alles in sich vereint, was er sich erträumt. Sie ist schön, edel und klug. Das ideale Objekt der Begierde – und eine Begegnung wie vom Himmel geschickt. Schon beim ersten Hinsehen spürt der Jüngling, dass ihm die Unbekannte zum Schicksal werden könnte. Eine über zwei Jahrzehnte währende Passion nimmt ihren Lauf. Mehr Leiden denn Lieben: Die Angebetete verschmäht ihn, sie gibt seinem Werben nicht nach. Und hält doch seine Gedanken ein Leben lang gefangen. »*Gepriesen sei das erste süße Bangen,/ das mich ergriff, als Amor sich zu mir gesellte,/ der Bogen und die Pfeile, die mich trafen!/ Und die Wunden, die sie ins Herz mir schlugen.*«

Laura heißt die Schöne, und Francesco Petrarca ihr Galan. Genau 366 Gedichte legt er ihr zu Füßen, den »Canzoniere«, Inbegriff mittelalterlicher Liebeslyrik, verfasst in der damaligen Sprache des Volkes, dem Italienischen. Doch wieso lässt sich ein junger Mann, begabt, gut aussehend und gebildet, so lange hinhalten? Wieso rennt er einem Phantom hinterher, das ihn kühlen Blickes ignoriert? Schon zu Lebzeiten Petrarcas kommen Zweifel auf, die später immer drängender werden: Und wenn es nun diese Laura gar nicht gegeben hat, wenn sie nur Projektionsfläche war, Auslöserin für die mitunter schönste Poesie des späten Mittelalters?

Francesco Petrarca hat sich in der Rolle des unglücklich Liebenden gefallen. Er selbst hat die Spekulationen genährt, dass jenes lyrische Ich, das die rätselhafte Laura in allen Tönen besingt, er selbst sei. Allein das Schreiben habe ihn aus jenem Liebesfeuer gerettet, das ihn zu verbrennen drohte, schreibt der Dichter in einem seiner Briefe. »Auf diese Weise brach die Flamme in meinem Herzen aus meinem Mund hervor und erfüllte den Himmel und die Täler mit unglücklichen, aber – wie es einigen schien – auch süßen Lauten. Daraus wuchsen die volkssprachlichen Verse über meine jugendlichen Qualen, derer ich mich heute schäme und die ich bereue, die sich aber doch auch, wie wir sehen können, bei denen, die vom selben Übel geschlagen worden sind, großer Beliebtheit erfreuen.« Es spricht der Philosoph und Dichter, der sich und seine poetischen Fantasien in Szene zu setzen weiß: *»Gepriesen sei das Schreiben,/ das mir Ruhm erwirbt, und alles Denken,/ das ihr gilt, nur ihr, und keiner anderen.«*

Dichtung und Wahrheit. Auch in Arquà Petrarca, wo der Dichter und Gelehrte gestorben und beerdigt ist, lebt man damit nicht schlecht. Borgo del Poeta nennt sich der Ort, des Dichters Dorf. Hier, in den Ausläufern der Euganeischen Hügel unweit von Padua, hat Petrarca seine letzten Lebensjahre verbracht, hierher strömen heute die Touristen, um sich in der Casa del Petrarca umzusehen. Einer der Säle des Gebäudes ist über und über mit Bildern freskiert, die das Liebeswerben des einstigen Hausherrn illustrieren: die Leiden des Signor Petrarca, ein Trauerspiel in mehreren Akten. Tränen springen ihm aus dem Gesicht, benetzen den Boden und lassen einen Brunnen entstehen, der Dichter erstarrt zu einem Stein, weil Laura ihm das Herz aus der Brust reißt. Er wird zu einer Flamme und einem Vogel, der sich nicht mehr in die Lüfte hebt, und verwandelt sich in einen Lorbeerbaum, in einen *laureus*, um seiner Liebsten nahe zu sein.

Als Petrarca mit dem Gedanken spielt, sich in Arquà niederzulassen, ist er ein weithin berühmter Mann. 1304 in Arezzo geboren, hat er den Großteil seiner Jugend in der Provence verbracht. Das ungeliebte Studium beendet er nicht. Stattdessen lässt er die niederen Weihen über sich ergehen, um fortan wirtschaftlich abgesichert zu sein. Seine vielen Privilegien ermöglichen es ihm, der Dichtung zu leben, seiner wirklichen Leidenschaft. Er kreist um seine beiden Fixsterne Cicero und Augustinus und sucht die Weisheit der Antike mit dem christlichen Glauben zu verzahnen. Gleichzeitig reist er viel und wird als Diplomat im Dienste seiner Geldgeber tätig. Petrarca will beides: Ruhm im politischen Leben und Verehrung als Dichter. Darauf arbeitet er hin. Und es gelingt: Am 8. April 1341 wird er am römischen Kapitol zum *poeta laureatus* gekrönt. Der Lorbeerkranz öffnet Türen, das Wort des solcherart Geadelten hat mehr Gewicht denn je.

Zwischen 1337 und 1353 zieht sich Petrarca regelmäßig in die Provence zurück, um in seinem Haus in Fontaine de Vaucluse unweit von Avignon ungestört zu schreiben – nicht zuletzt auch am »Canzoniere«. Doch in jenen Jahren, da er seine unerreichbare Geliebte in allen Tonlagen besingt, kommen seine beiden Kinder zur Welt. Sie entspringen einer offensichtlich sehr unpoetischen, irdischen Verbindung mit einer anderen Frau. Ihr Name? Nicht weiter erwähnenswert. Laura verlangt Treue, Unterwerfung, Ausschließlichkeit, neben ihr findet niemand Gnade und Platz. »*Wie kommt es, dass meine Schritte nicht erlahmen,/ Euren Spuren überallhin zu folgen,/ und zwecklos meine Schritte zu vergeuden.*« Am 6. April 1348 – wieder ein Karfreitag – erfährt Petrarca, dass Laura gestorben ist. Seine Gedichte wollen es so, sie zumindest. Er hingegen lebt weiter, die tote Laura in seinem Gepäck. Nun sind die Trauergesänge dran, die ihn um Schlaf und Ruhe bringen.

Er sei ein ewiger Pilger, beklagt sich Petrarca. Doch wann immer ihn die Welt ruft, setzt er sich bereitwillig in Bewegung. Er unterwirft sich immer neuen Dienstgebern, auch wenn deren Ambitionen höchst zweifelhaft sind. Je älter er wird, umso größer sein Einfluss. Gleichzeitig wächst die Sehnsucht nach seiner ursprünglichen Heimat. »Ich bin weder lebendig noch gesund, weder tot noch krank; ich werde erst zu leben beginnen, wenn ich den Ausgang aus diesem Labyrinth gefunden habe«, schreibt er anlässlich seines Abschieds aus der Provence. Italien wird zum Fluchtpunkt, die Freundschaft mit den Carrara ist herzlich. Nach langen Reisen übersiedelt Petrarca 1368 nach Padua, um sein Leben im Veneto zu beschließen, in Ruhe und Kontemplation. Er ist nun vierundsechzig Jahre alt und fühlt sich matt und gebrechlich. In Abano Terme hat er sich schon mehreren Kuren unterzogen. Umso größer seine Dankbarkeit und Freude, als ihm Francesco da Carrara ein kleines Landgut in Arquà schenkt. Padua, berühmt für seine medizinische Fakultät, ist nah, das Thermalwasser der Gegend heilsam, der Ausblick auf Garten und Weinberge gleichermaßen beruhigend wie inspirierend.

Ebene, viel Ebene. Und dann, wie mit einem Wurf in die Landschaft gesetzt, ein Wald voller grüner Kegel, die Euganeischen Hügel. Über achtzig Kuppen sollen es sein, nur sechzig Meter hoch die niedrigste, mehr als sechshundert Meter die höchste. In den Talsohlen und an den Hängen Felder und Weinberge, Dörfer und einsame Gehöfte. Kleine Kirchen, die auf Anhöhen sitzen und frühere Kultplätze unter sich begraben, Villen, von dicken Mauern und schmiedeeisernen Toren umschlossen. Putz bröckelt vom Gesims, wilder Wein kriecht die Hauswände hinauf, die Farbe der Fensterläden blättert ab. Die besseren Zeiten haben sich längst davongemacht. Was bleibt, ist der Charme des Gestern – und der Versuch der Menschen, sich im Heute einzurichten. Die Bauern pflanzen Mais an, Wein, Kirschen und Kastanien. Kleine Felder überziehen das Land, dem Wald und den Abhängen abgetrotzt. In den höheren Regionen das blaue Schild mit dem Autorad, in Ketten gelegt: Es kann hier schneien, es kann eisig werden, auch unwirtlich. Weiter unten ist es milder, an den Flussläufen und Kanälen wachsen Olivenbäume. In den *agroturismi* wohnen Radfahrer und Wanderer, Zimmer mit Stallblick, Drosseln und Finken in den Eschen vor dem Fenster. Nachts wird es ruhig, nur Käuzchen zu hören. Der Trubel wohnt anderswo, in Abano oder Montegrotto Terme, in den riesigen Hotelkomplexen ohne Gesicht, in den Einkaufsstraßen, in denen sich die italienischen Modeschöpfer niedergelassen haben. Schon die Römer wussten um die Heilkraft von Fango und Brom-Jod-Sole-Wasser. Der Ruf der Thermen hat beide Städte wachsen lassen. Sie kommen damit an kein Ende.

Wem die geschäftige Kuratmosphäre zu ungesund wird, der weicht aus, nach Monselice oder Este, zu den Labyrinthen und Wasserspielen der Villen und Schlösser, zu den Fresken und Gemälden, den Atlanten, Genien und Sybillen. *Vacanze intelligenti*, damit wirbt man: Thermen, Natur, Kunst. Alles da.

Auch die Literatur fügt sich ins Konzept. Arquà Petrarca – *luogo senza tempo*, der Ort, an dem die Zeit stehen geblieben ist. Seit 1868 trägt Arquà den Dichter im Namen. Neben der Kirche der mächtige Sarkophag, ein paar Meter weiter der Brunnen des Petrarca. Die Via Jacopo d'Arquà zieht den Hügel hinauf, gesäumt von Lokalen und Geschäften. In den Auslagen Weine der Gegend, eingelegte Kirschen und Walnüsse in Honig, der *Brodo di giuggiole*, die Spezialität des Ortes: Likör aus einer kleinen, orange-braunen Frucht, ein altes, fast vergessenes Obst.

In der Via Valleselle 4 ein Tor, in die Mauer eingelassen, dahinter ein Garten. Die Casa del Petrarca ist ein schlichter gotischer Bau, umgeben von einem kleinen Park, der in Terrassen ansteigt. Im Erdgeschoß eine Folge etwas dunkler Zimmer, die ehemaligen Wirtschaftsräume. Sie sind heute ein Museum mit Dokumentationen zu Leben, Werk und Rezeption des Dichters. Das Herzstück der Schau ist die mumifizierte Katze des Petrarca, die in einem gläsernen Sarg präsentiert wird, einer Reliquie gleich. Aufwendige Dekorationen umrahmen die Gedenktafel. »Der toskanische Dichter«, hört man die Katze reden, »war von zweierlei Liebe besessen: Ich war seine große Flamme, Laura die zweite. Warum lachst du? War sie die Grazie der göttlichen Schönheit, verdiente ich so viel Liebe dank meiner Treue; gab sie den heiligen Blättern Rhythmus und Inspiration, schützte ich sie vor den ruchlosen Mäusen.« So wird's gewesen sein – auch wenn längst klar ist, dass nicht die

Katze des Petrarca spricht, sondern eine sehr viel jüngere Nachfahrin.

Eine Außentreppe führt in den ersten Stock und in eine Reihe prächtig freskierter und von Holzdecken überdachter Räumlichkeiten. Hier also hat Petrarca mit seiner Familie gelebt, hier hat er Gäste empfangen, hier hat er gearbeitet – in einer winzigen Zelle, die alle Energien am Schreibtisch bündelte. Ob der Bücherschrank echt ist, der Stuhl wirklich der des Petrarca?

Im Frühjahr 1369 kommt Francesco Petrarca nach Arquà, um sein neues Zuhause einzurichten und ein *viridarium* anzulegen, einen Lustgarten nach antikem Vorbild, mit Lorbeer, Weinreben, Oleander. Beete mit Rosmarin, Ysop und Andorn, daneben Pinien und Zedern. Ein Jahr später zieht er ein. Petrarca ist nicht allein. Mit ihm übersiedeln seine Tochter Francesca, ihr Mann Francescuolo da Brossano und die Enkelin Eletta, dazu Koch und Dienerschaft, der Sekretär und etliche Kopisten.

»Und hier lebe ich, wenngleich schon schwach an Körperkräften, in völligem Seelenfrieden ohne Lärm, Irrungen und Sorgen, immerfort lesend und schreibend und Gott lobend.« Petrarca hat ambitionierte Pläne. »Keine Last ist so leicht zu bewegen wie eine Schreibfeder«, philosophiert er in einem seiner Altersbriefe. In diesem Sinn nimmt er sich neuerlich das Manuskript »De viris illustribus« vor, die Lebensbeschreibung berühmter Männer des römischen Imperiums. Er übersetzt Boccaccios Erzählung »Griseldis« ins Lateinische und wendet sich nochmals dem »Canzoniere« zu, um seine Gedichte einer letzten Redaktion zu unterziehen.

Francesco Petrarca soll in der Nacht vom 18. auf den 19. Juli 1374 über einem Buch entschlafen sein, so will es die Überlieferung. Und natürlich war es ein Band der römischen Klassiker, Vergil. Wie auch anders? Schon zu Lebzeiten wusste der Dichter seine Vita in einer Vielzahl von Briefen zu literarisieren und der Nachwelt jenes Dichter- und Denkerbild zu hinterlassen, das sich über die Jahrhunderte hinweg tradiert hat.

Das Begräbnis wird zur Inszenierung, wie sie dem Toten gefallen hätte: Sechzehn Doktoren, so heißt es, hätten den Sarg getragen, den man in kostbares goldenes Tuch gehüllt hatte. Große Ehren. Sechs Jahre später errichtet sein Schwiegersohn jenes Grabmal, das den Kirchplatz bis heute prägt: einen massiven Sarkophag im Stil der antiken Tumben.

Die Begeisterung für den Philosophen und Dichter nimmt nach dessen Tod weiter zu. Petrarcas Erben kommen nicht zur Ruhe. Immer neue Bitten um Abschriften der Werke des Dichters treffen in Arquà ein. Die Universität von Padua wird zur Kopierzentrale, von hier aus gehen Manuskripte nach ganz Europa. An den Hochschulen erlebt der christliche Humanismus à la Petrarca eine Blüte, an den Höfen verbreiten sich seine Dichtungen. »Wieviele andere, glaubst Du«, ist in einem von Petrarcas Briefen an einen Freund zu lesen, »habe ich mit dieser Krankheit angesteckt?« Der Dichter hat seine Poesie oft als Tändelei abgetan. Eine kokette Attitüde, möchte man meinen. Gerade ihr verdankt sich ein Gutteil seines Nachruhms, wie sich nun zeigt. Ungezählte Künstler lassen sich inspirieren. Komponisten wie Palestrina, Monteverdi oder Orlando di Lasso vertonen seine Kanzonen, Autoren wie Chaucer oder Shakespeare, Gryphius oder Opitz nehmen Sprache und Konzeption seiner Liebeslyrik auf. Der Petrarkismus greift um sich.

Arquà wird schon im 15. Jahrhundert zum Ziel eifriger Jünger, die vom Grabmal bis zum Haus des verehrten Dichters pilgern. Petrarcas Anwesen findet mehrmals neue Besitzer. Deren rührigster ist der adelige Paduaner Pietro Paolo Valdezocco. Er lässt an den Wänden des ersten Stockwerks jene Fresken anbringen, in denen sich die Liebeslyrik des Petrarca spiegelt. Das Arbeits- und Schlafzimmer des Dichters gilt als heiliger Ort. Schon 1544 haben sich österreichische Studenten am Kaminsims verewigt und ein *sgraffito* im Stein hinterlassen. In der Folge legt man Gästebücher auf, die sich schnell füllen. Lord Byron war da, Niccolò Tommaseo, Umberto I di Savoia und Pietro Mascagni.

Sehr viel diskreter jene Besucher, die sich des Nachts in Arquà umsehen und den Sarkophag in Augenschein nehmen. Die Deckel sind schwer, und das ist gut so. Und doch gelingt es 1630 unbekannten Tätern, den Sarg aufzubrechen und daraus Knochen zu entwenden. Der gestohlene Oberarm des Petrarca ist verschollen geblieben. In der Folge wird das Grab noch mehrmals geöffnet. Zum einen unter dem Vorwand, die Vollständigkeit des Skelettes kontrollieren zu müssen, zum anderen, um anthropologische Untersuchungen anzustellen.

Einer letzten Prüfung wurden die Gebeine im Jahre 2004 unterzogen, damals unter Zuhilfenahme neuester technischer Geräte. Und siehe da: Der Schädel der Leiche gehört einer Frau. Einer Laura, die Petrarca bis in den Tod hinterherspukt? »*Wohin ich fliehen könnte, weiß ich nicht./ So lange führen ihre schönen Augen Krieg mit mir;/ ich fürchte, ach das Herz, das niemals Ruhe findet,/ zerbricht vor so viel Anspannung.*«

Francesco Petrarca und seine Laura. Mutmaßungen und Spekulationen sind bis heute nicht abgerissen. Petrarca lächelt und schweigt, sein »Canzoniere« feiert die Liebe, wieder und wieder. Und so sollte es ja auch sein. Mission beendet.

In jedem Korn ein Stück Welt

Mühen und Mühlen: Reisanbau in der Bassa Veronese

Es wird eng, das schon, aber Platz finden sie alle: Signore Cremone und sein Barbierstuhl, die Rincos mit ihrer Hufschmiede, Signora Donatelli samt Stoffen, Garn und Nähmaschine und die Damen Zecchetto, die gleich ihre ganze Bar mitgebracht haben. Fünfzehn Familien flüchten in die Reismühle des Marcello Ferron, als sie in den Wirren des Zweiten Weltkriegs aus ihren Häusern und Höfen vertrieben werden. Man schließt sich zusammen und sucht sich mit vereinten Kräften über Wasser zu halten, jeder mit dem, was er kann und hat. Bald schon ist La Piccola Italia, wie die eigenwillige Kommune genannt wird, nicht nur in Isola della Scala, sondern in der ganzen Bassa Veronese bekannt. Die Gemeinschaft, zu der auch ein Pferd und eine Kuh gehören, schlägt sich durch. Die alte Mühle, im Dialekt Pila Vecia genannt, arbeitet Tag und Nacht. Der Reis, der hier geschält wird, macht alle satt.

Doch das ist nur eine Geschichte von vielen. Gabriele Ferron erzählt sie gerne, sie und dazu noch eine Reihe anderer Anekdoten aus seiner Familie. Er ist der Enkel jenes Marcello Ferron, der dem »kleinen Italien« dereinst vorgestanden ist. Zusammen mit seinem Bruder Maurizio führt Gabriele die Antica Riseria Ferron, eine der ältesten noch funktionierenden Reismühlen Italiens. Natürlich sind die Ferrons schon längst in ein modernes Fabriks- und Bürogebäude in Isola della Scala, gut zwanzig Kilometer südlich von Verona, übersiedelt. Doch die Pila Vecia, etwas außerhalb des Ortes im offenen Land gelegen, ist Herzstück des Betriebs geblieben. Seit 1650 tut die alte Mühle ihren Dienst, ihr Rad läuft und läuft.

Auch Gabriele Ferron ist nicht zu bremsen. Er redet mit den Augen, den Händen, mit dem ganzen Körper. Dass ihm alles, was er als gelernter Koch auf den Tisch bringt, auch selbst schmeckt, sieht man. Aus jedem seiner Sätze spricht die Begeisterung für den Reis. Korn für Korn taucht er ab in die Geschichte der Region und der Pila Vecia. In der Bassa Veronese, der Ebene südlich von Verona, gehörte der *risotto* immer schon zu den Lieblingsgerichten im Alltag, man schätzt ihn hier mehr als die *pasta*. Nach Italien kam der *riso* über die Mauren und Spanier. Seit dem 15. Jahrhundert, so vermutet man, wird er auch im Veneto angebaut.

Er kenne sechzig bis siebzig Reissorten, doziert Gabriele Ferron, zu den Spitzensorten – und mit dieser Meinung steht er nicht allein – zählen der Arborio und der Riso Vialone Nano, sein Liebkind, das er hätschelt und pflegt. Im Vergleich zu den riesigen Reisplantagen im Piemont und in der Lombardei, in Vercelli, Pavia oder Novara, ist die Anbaufläche klein, gerade einmal tausendneunhundert Hektar groß. Und doch gilt der Vialone Nano Veronese unter Feinschmeckern als Geheimtipp. Der Rolls Royce unter den Reissorten, wie ihn Gourmetkritiker feiern. Oft genug verweisen sie dabei auf Isola della Scala und die Antica Riseria Ferron.

Eine sich endlos verbreiternde Ebene, durchzogen von Flüssen und Kanälen, von Wäldern mit Weiden, Erlen und Ahorn. Felder mit Spargel, Kiwi, Melonen. Dazwischen alte Villen und Landgüter, Festungen aus der Zeit der Skaliger, kleine Dörfer und Städte mit romanischen Kirchen neben nichtssagenden Fabriken und Industriebauten. Die Kunsttischler der Region sind weithin bekannt, man stellt Möbel her und führt die alten Techniken der Restaurierung weiter. Das zweite wirtschaftliche Standbein ist der Reis, auch darauf baut man. Zahlreiche Mühlen säumen die Strada del Riso Vialone Nano Veronese. Die Pila Vecia ist deren älteste, ein einsames Gehöft zwischen Buttapietra und Isola della Scala. Die Fossa Zenobia fließt mitten durch die Mühle der Ferrons. Der Name des Flusses erinnert an die früheren Besitzer der Pila Vecia, die venezianische Familie Zenobia. Chroniken belegen, dass in der Serenissima am 26. April 1644 ein Antrag auf die Errichtung einer Reismühle gestellt wird, die man 1650 einweiht. Sie wechselt ihre Eigentümer etliche Male, ehe sie in den dreißiger Jahren des vorigen Jahrhunderts via Heirat den Ferrons zugeschlagen wird. Seit nunmehr fünf Generationen führen sie die *riseria,* alle arbeiten mit: Vater, Söhne, Enkel, Neffen, Cousins.

Stolz steht Gabriele vor dem alten Schaufelrad

und zeigt auf die Fossa Zenobia. Die Wasserkraft lässt jene Energie entstehen, die den Betrieb der Mühle ermöglicht. Im Inneren des Hauses der Geruch von Mehl, ein feiner weißer Film überzieht Holz und Geräte. Staub zieht durch den Raum. Am Boden lagern Säcke mit Reis, von der Decke hängt ein Sieb. Ein Rattern ist zu hören, mehrere Maschinen laufen, die allesamt der Veredelung des Reises dienen. Und dann ganz hinten der Stolz der Ferrons, die alte Mühle. Kein Museumsstück, sondern eine immer noch funktionstüchtige Anlage. Für Kunsthistoriker ist die Pila Vecia ein Denkmal, das sie streng observieren, für die Besucher eine Einladung, sich einer Zeitreise zu überlassen.

Besucher können die *piloti,* wie die Reismüller heißen, bei ihrem Tagwerk beobachten. Es hat sich seit Jahrhunderten kaum verändert. Allein die Arbeitszeiten sind kürzer geworden, die Nachschichten seltener. Doch sonst? Alles wie ehedem. Nur wer wirklich Gespür und Geschick bewiesen hat, darf hier Dienst tun, nach langer Lehrzeit und unter den strengen Augen der Ferrons. Der Respekt vor der Mühle ist groß, die *piloti* wissen um die Bedeutung jedes Handgriffs. Am Boden ruhen die Tröge aus Veroneser Marmor. In diesen Mörsern liegt der Reis, der in einem früheren Arbeitsgang von den Spelzen befreit wurde. Neun Stößel, die *pestelli,* sind in ein Gestell eingepasst und gehen nun in diesem Holzrahmen rhythmisch auf und ab. Die Körner werden auf diese Weise bewegt, reiben aneinander und schleifen sich ab. Eine traditionelle Technik, mit deren Hilfe der Vialone

Nano Lavorato ai Pestelli entsteht, ein Mittelding zwischen Vollkornreis und raffiniertem Reis. Etwas grauer als der herkömmliche, dafür reicher an Mineralien, Vitaminen und Proteinen und auch voller, nussiger im Geschmack. Das Vorzeigeprodukt: nur in kleinen Mengen am Markt, zu haben in Delikatessenläden, verwendet in den Küchen der Spitzengastronomie, in den Luxusrestaurants zwischen Treviso, Verona und Mailand.

Sehr viel verbreiteter jener Vialone Nano, der in mehreren Arbeitsgängen mittels moderner Verfahren geschält und poliert wird, der Großteil davon in der modernen Mühle der Ferrons. Er ist etwas glatter und heller als sein Bruder aus der Pila Vecia. Eine Spezialität auch er, mit industriellen Produkten, die bis hin zur Geschmacklosigkeit raffiniert auf den Markt kommen, nicht zu vergleichen.

Ein Siegel tragen sie beide, das Emblem des »Consorzio Per La Tutela Del Riso Vialone Nano Veronese«, einer Genossenschaft von etwa dreißig Reisbauern und Müllern, die sich strengen Regeln unterwerfen und dafür die Anerkennung der EU erlangt haben, das begehrte IGP, »Indicazione Geografica Protetta«. Harte Arbeit, bis zu dieser Ehrung aus Brüssel. Man hat sich verpflichtet, den Riso Vialone Nano auf möglichst naturnahe Weise zu kultivieren und zu verarbeiten: keine Pestizide beim Anbau, Einhaltung des Fruchtwechsels, keine chemischen Produkte beim Polieren des Reises. Dass man die Felder mit Quellwasser fluten kann, ist ein Glücksfall. Etwas ängstlich der Blick in die Zukunft. Der Klimawandel beunruhigt, die zunehmende Hitze, das Nachlassen der Regenfälle. Je weiter man Richtung Verona kommt, umso trockener werden die Böden, umso seltener die Quellen.

Die Qualität sei eben alles, so Gabriele Ferron. In manchen Jahren bezieht er seinen Reis von fünf bis sechs Bauern, in anderen sind es nur zwei. Die sorgfältige Auswahl des Rohreises ist wichtig. Nur so können sich kleinere Mühlen im Schatten der Industrieriesen behaupten. Obwohl die Ferrons selbst keinen Reis anbauen, sind sie laufend mit den Produzenten in Verbindung. Man arbeitet Hand in Hand, berät sich miteinander. Im Frühling werden die Felder gepflügt und planiert und die Dämme kontrolliert und erneuert. Dann wird der Reis ausgesät. Wenig später flutet man die Felder. Eine künstliche Lagune entsteht, aus der nach wenigen Wochen die zartgrünen Pflänzchen herausragen. Zu jenem Zeitpunkt hat man die Karpfen schon ausgesetzt: Sie sollen Schädlinge fressen, den Boden locker halten und ihn düngen. Im September wird das Wasser abgelassen. Nun fängt man die Karpfen – ordentliche Kerle, der Sonntagsbraten.

Jetzt wird der Reis geerntet, gedroschen und so lange getrocknet, bis er eine Feuchtigkeit von etwa zwölf bis dreizehn Prozent erreicht hat. Erst dann ist er bereit für die Verarbeitung in den Mühlen. Vieler Hände Arbeit, trotz aller Maschinen, die heute zum Einsatz kommen. Wer die Kornkammern und Speisekammern voll weiß, hat Grund zum Übermut. In der Bassa Veronese wird gerne und viel gefeiert. Über das ganze Jahr verstreut gibt es eine Reihe kulinarischer Feste. Man huldigt dem *radicchio*, dem Stier und der Melone, man lässt die *polenta* hochleben, die Nüsse und die kleinen Fische. Doch das beachtlichste Spektakel gilt dem Reis. Ganz Isola della Scala steht Kopf, wenn im September die »Fiera del Riso« zehn Tage lang über den Ort hereinbricht. Fast vierhunderttausend Portionen *risotto* habe man im vergangenen Jahr verkauft, »una cosa incredibile«, wie Gabriele Ferron staunt: Unglaublich, was an den Tagen los ist. Da tanzt der Bär. Und danach kann der Herbst kommen, dann der Winter, wenn die Nebel über der Bassa hängen. »Da ruhen wir uns aus«, lacht Gabriele, »da sitzen wir neben dem Feuer und lassen es uns gut gehen.«

Wer's glaubt. Gabrieles Koffer sind allzeit bereit, man wartet auf ihn. Er geht auf Tournee. Denn mit der Produktion eines besonderen Reises allein sei es nicht getan, erklärt er, da brauche es schon noch einen Koch, der imstande sei, richtig damit umzugehen. Seit vielen Jahren reist Gabriele Ferron um die Welt, um Menschen aller Kulturen, Hautfarben und religiöser Bekenntnisse auf die richtige Zubereitung des *risotto* einzuschwören. Zeitungsausschnitte aus aller Welt preisen den *maestro* aus Isola della Scala. Inzwischen wissen auch die Chinesen, wie man Reis kocht, endlich. Doch ob sie den Direktiven des Signor Ferron auch wirklich folgen?

Des Meisters liebstes Rezept wechselt je nach Jahreszeit und dem, was die Natur gerade hergibt.

Im Frühling sind's die *risotti* mit Spargel oder frischen Hopfensprossen, die bei ihm am Herd stehen, im Herbst kocht er am liebsten mit Kürbis, Pilzen oder den Karpfen, die man aus den Reisfeldern gefischt hat. Und überhaupt: Fast jede Region des Veneto hat ihre Favoriten. In Treviso kommt der *risotto* mit dem Radicchio Trevigiano auf den Tisch, in Venedig der *risotto* mit den Meeresfrüchten, in Vicenza das *risi e bisi*. Gabriele Ferron kennt sie alle. Und natürlich würde er bei einem *Risotto Milanese* nie auf den Markknochen verzichten. In seinem Lokal, das er am Rand von Isola della Scala unweit der modernen *riseria* betreibt, könne er das so schon lange nicht mehr anbieten, bedauert er: Viele Kunden hätten Angst vor BSE. »So weit hat es die Menschheit gebracht, dass die Tiere verrückt werden.« Er schüttelt den Kopf, um gleich wieder in die Küche zurückzukehren. Einer seiner Favoriten ist der *risotto* nach Art von Isola della Scala. Und auch hier hat er seinen eigenen Kopf. Während andere propagieren, den Reis während der Garzeit stetig zu rühren und die Flüssigkeit nach und nach zuzugeben, vertraut Gabriele einer viel einfacheren, zeitsparenderen Methode.

Risotto All'Isolana

400 gr. Reis Vialone Nano, 8 dl Gemüse- oder Hühnerbrühe, 100 gr. Schweinsfilet, 100 gr. mageres Kalbfleisch, 60 gr. Butter, 60 gr. Parmesan, etwas Zimt, Rosmarin, 1 dl Cognac oder Weißwein, Olivenöl, Salz und Pfeffer.

Butter auf kleiner Flamme mit einem Rosmarinzweig erhitzen. Wenn die Butter goldgelb ist, den Rosmarin entfernen und das fein gewürfelte Fleisch und den Cognac bei etwas höherer Temperatur anbraten. Mit Salz und Pfeffer würzen und noch etwas garen.
In einem Kochtopf Olivenöl erhitzen, den Reis glasig werden lassen. Die heiße Brühe dazugeben und umrühren. Den Topf fest verschließen und die Platte auf kleine Hitze schalten. Wenn der Reis zu ¾ gar ist, die Fleischsoße dazugeben, den Topf wieder schließen und das Ganze so lange leicht köcheln lassen, bis der Reis die ganze Brühe aufgenommen hat. Mit einem sauberen Tuch trocken tupfen und noch ein paar Minuten rühren. Den Risotto auf Teller geben und mit Parmesan und etwas Zimt bestreuen.

Und natürlich müsse man früh damit anfangen, auf den Reis zu setzen. Gabriele lacht wieder. Auf dem Gelände der Pila Vecia hat er eine Versuchsküche bauen lassen. Auf langen Tischen eine Reihe von Kochplatten, neben jeder ein Becher Reis, Butter, Parmesan, Salz und Pfeffer. In einem riesigen Topf brodelt die Suppe. Alles bereit für die Schulkinder, die in ein paar Minuten hier einfallen, um zu lernen, wie sich ein richtiger *risotto* rührt. Die Kunden von morgen. Gabriele Ferron und sein Scharfsinn, sein Sinn für Effizienz. Die Bassa Veronese lehrt den weiten Blick, und wer mit beiden Beinen auf dem Boden bleibt, kommt voran.

Ein Tag ohne *risotto* sei für ihn kein richtiger Tag, erklärt Gabriele Ferron. »Der Vialone Nano ist ein Teil von uns allen, dafür leben wir.« Große Worte. Aber was braucht es mehr, als eine Handvoll Reis? In jedem Korn ein kleines Stück Welt.

An Bord eines schlingernden Schiffes

Bittere Zitronen: Mussolini und der Gardasee

Es könnte ein höchst angenehmer Ort sein: der Park mit seinen Zypressen, Magnolien und Palmen, die Villa aus dem späten 19. Jahrhundert, Tudor-Stil, die Terrasse mit Blick auf den See. In Gargnano, wo das Anwesen liegt, wachsen Orangen und Feigen, das Klima ist mild. Doch jener Gast, der sich im Oktober 1943 hier einquartiert, hat kaum Blicke für die Schönheiten der Gegend. Er ist müde, krank, abgeschlagen. Und doch ist er nicht zur Erholung am Lago di Garda. Die Verantwortung für Italien lastet schwer auf seinen Schultern. Es läge nun an ihm, so hat man ihn wissen lassen, von Gargnano und Salò aus tätig zu werden, um Italien für den Faschismus zurückzuerobern.

Als die »sechshundert Tage von Salò« sind Benito Mussolinis letzte Lebensjahre in die Geschichte eingegangen, das langsame Ende des faschistischen Italien. Zu jenem Zeitpunkt, da der Duce von Gargnano aus über den Gardasee blickt, träumt er davon, an die ruhmreichen Zeiten der Macht anknüpfen zu können. Doch der Oktober 1922 und der Marsch auf Rom liegen weit zurück. Damals hatte Mussolini die Regierungsgeschäfte übernommen und begonnen, Italien in einen totalitären Staat zu verwandeln. Glückliche Tage. Das

Volk jubelte ihm zu, der Aufstieg des Faschismus wird zur Erfolgsgeschichte. Während Hitler am Aufbau des »Dritten Reiches« arbeitet, entwirft Mussolini Pläne zur Wiedererrichtung eines monumentalen römischen Reiches. Nach 1936 gerät Italien in immer größere Nähe zu Nazideutschland, die zwei Jahre später auch in die Einführung antisemitischer Rassengesetze mündet. Am 10. Juni 1940 tritt Italien in den Krieg ein.

Doch mit dieser Entscheidung, den militärischen Misserfolgen und dem wirtschaftlichen Niedergang des Landes verliert der Duce Autorität und Anhänger. Als die Alliierten in Sizilien landen, wird er am 25. Juli 1943 entmachtet. Der Großrat des Faschismus spricht ihm sein Misstrauen aus und zwingt ihn, bei Vittorio Emanuele III. seine Demission zu erbitten. Mussolini beugt sich. Die Audienz beim König gipfelt in seiner Verhaftung. Man bringt ihn an wechselnde Orte und schließlich in ein Berghotel auf dem Gran Sasso in den Abruzzen. Dort hält man ihn gefangen. Und dort muss Mussolini erfahren, dass Italien mit den Alliierten einen Waffenstillstand geschlossen hat, der später in die Kriegserklärung an Deutschland münden sollte.

Berlin reagiert umgehend und lässt Norditalien besetzen. Doch für die Pläne, die man nun entwickelt, braucht man den Duce. Man fahndet fieberhaft nach ihm. Im September hat man endlich eine Spur. »Operation Eiche« heißt die spektakuläre Befreiungsaktion, die von den Deutschen am 12. September 1943 gestartet wird. Sie landen mit Flugzeugen vor dem Hotel und überwältigen die zweihundertfünfzig *carabinieri* binnen weniger Minuten. Mussolini wird über Wien nach München gebracht, wo ihn Hitler in seine jüngsten Vorhaben einweiht: Er möchte einen faschistischen Staat bilden, die »Italienische Sozialrepublik«, die im Norden des Landes zu agieren beginnen und von hier aus die gesamte Apenninenhalbinsel zurückgewinnen soll. Eine hochtrabende Strategie, die das Land in einen achtzehnmonatigen Bürgerkrieg treiben wird, wie sich später herausstellt.

Er habe sich damals Hitlers Wünschen beugen müssen und keine andere Wahl gesehen, als dessen Direktiven zu folgen, behauptete Mussolini in seiner »Storia di un anno« und suchte damit seine eigenen Machtansprüche und Rachegelüste zu bagatellisieren. Ahnte er schon bei den Verhandlungen mit Hitler, dass ihn die Deutschen ohnehin nicht mehr ernst nahmen? Dass sie ihn zu bevormunden und instrumentalisieren trachteten, um Italien für sich zu gewinnen?

Mussolini ist blind. Er wittert eine neue Chance, man einigt sich. Bozen, Meran, Cortina d'Ampezzo oder doch Belluno? Ein Ort muss gefunden werden, an dem sich der Duce niederlassen und seines Amtes walten kann. Nicht zu weit von Verona entfernt sollte er liegen, zu jenem Zeitpunkt wichtigster Stützpunkt der Nazis. Salò am Gardasee – ja das könnte gehen, eine sichere Gegend, hier soll nun die »Repubblica Sociale Italiana« ihre Kommandozentrale einrichten. Mussolini ist wenig begeistert, da ihm das Städtchen allzu glanzlos erscheint. Er plädiert für Rom mit all seinen Möglichkeiten. Doch das frühere Zentrum des faschistischen Italien gilt als offene Stadt. Der Duce fügt sich schweren Herzens in den Vorschlag der Deutschen und bezieht am 10. Oktober 1943 die Villa Feltrinelli in Gargnano unweit von Salò. In seinem Gefolge seine Frau Rachele, drei seiner Kinder, seine Schwiegertochter samt Enkelin und ein Neffe. Auf Betreiben Mussolinis wird auch seine Geliebte, Clara Petacci, an den Lago di Garda geholt und im nahe gelegenen Gardone einquartiert, sehr zum Leidwesen seiner Gattin.

Da sitzt er also, fern der Welt, und schlägt sich durch. Der Duce hat zwar eine Regierung gebildet, doch er selbst ist in Gargnano gefangen. Er fühlt sich elend und verbietet Pressebilder, um sich nicht kraftlos und gebrochen der Öffentlichkeit präsentieren zu müssen. Sein Leibarzt, Dr. Zachariae, und ein Heilgymnastiker werden zu seinen Vertrauten – beides Deutsche und darauf trainiert, alle Vorgänge in der Villa Feltrinelli zu protokollieren und nach Berlin zu melden. Teil des Haushalts sind außerdem ein Koch, ein Diener und drei Dienstmädchen, der Gärtner. Die Zitronen sind geerntet, nur die Oliven warten auf den Frost.

»Mein eigentlich Wohlleben ist in Früchten, in Feigen, auch Birnen, welche da wohl köstlich sein müssen, wo schon Zitronen wachsen.« Johann Wolfgang von Goethe schwärmt. Im September 1786 ist er auf dem Weg nach Italien und macht dabei einen Abstecher zum Gardasee. Schon der erste Blick auf den See macht ihn staunen: »Hier zeigten sich die schönsten Kalkfelsen zu malerischen Studien. Wenn man hinabkommt, liegt ein Örtchen am nördlichen Ende des Sees und ist ein kleiner Hafen oder vielmehr Anfahrt daselbst, es heißt Torbole. Die Feigenbäume hatten mich schon den Weg heraufbegleitet, und indem ich in das Felsamphitheater hinabstieg, fand ich die ersten Ölbäume voller Oliven.«

Am Gardasee hängen die Trauben tief. Gleich drei Regionen drängen sich um den größten aller italienischen Seen. Die nördliche Spitze gehört dem Trentino, das Westufer der Lombardei, das Ostufer dem Veneto. Eine Grenze mitten im Wasser, in dreihundertfünfzig Metern Tiefe. Alpine Felsformationen treffen auf mediterran anmutende Küstenlandschaften, das harte Licht der Berge auf das irisierende Leuchten der Sonne auf Wellen und Wasser. Die Erinnerung an die Gletscher und Zacken Südtirols und des Trentino verschwinden, plötzlich scheint das Meer ganz nahe.

Seit der Antike zieht der Gardasee die Menschen in seinen Bann. Die Halbinsel von Sirmione war schon zu Zeiten der Römer ein beliebtes Ferienziel begüterter Familien. Catull und Dante haben den See besungen, später Montaigne, Stifter und Heine, Kafka und die Brüder Mann. Einer der Hausherren am Lago di Garda war Gabriele D'Annunzio, der sich und sein Leben in einem Gesamtkunstwerk inszenierte, dem »Vittoriale degli Italiani« in Gardone Riviera. Heute ziehen die Touristen durch die pompös gestalteten Hallen und den Garten mit seiner Ansammlung historischer Kuriositäten. Ein Magnet für Feriengäste und Ausflügler.

Seit der Belle Époque hält der Tourismus den Gardasee fest im Griff, die Windsurfer und Segler, Sonnenanbeter und Wanderer. Verona ist nicht weit, die Arena und die Einkaufstraßen locken zu abendlichen Ausflügen. Dazu die Fischerdörfer entlang des Ufers, die kleinen Häfen, die Zitronenhaine von Limone und die Weingärten von Bardolino. Alles da, was sich Fremdenverkehrsmanager wünschen. Viele der *palazzi*, in denen die Adeligen und Industriellen aus Verona, Brescia oder Mailand ihre Sommerfrische zu verbringen suchten, sind längst verkauft. So auch die Villa Feltrinelli. Man hat sie zu einem luxuriösen Grand Hotel umgebaut. Benito Mussolini habe hier gelebt, liest man im Prospekt. Welch eigentümliche Referenz.

»Italien befindet sich in einem chaotischen Zustand. Es gleicht einem geschundenen Mann, der jegliche Orientierung verloren hat. Die Situation ist zum Verzweifeln, die Probleme sind unlösbar.« Ein Bild für die eigene Unzulänglichkeit, das Erkennen des Scheiterns? Man möchte es meinen – und täuscht sich. Der Duce kämpft weiter, obwohl er zur Marionette geworden ist, von den Deutschen observiert und gegängelt. Die Italienische Sozialrepublik wird zu einem Satellitenstaat der Nazis, eine der letzten Bastionen, die sie in Italien haben. Während die Alliierten weiter vorrücken, kämpft auch der Duce um Terrain. Die Republik von Salò, die sich den Anstrich zu geben sucht, den Sozialismus zur Staatsreligion zu machen, wird zum brutalen Polizeistaat ohne Verfassung.

Italien verblutet in den Kämpfen zwischen Alliierten, Deutschen und Faschisten und versinkt in Hunger und Armut. Mussolini verschließt davor die Augen und zieht sich lieber in die friedliche Welt der Philosophie und Kunst zurück. Er vergräbt sich in die Lektüre von Platons »Politeia«, lernt Deutsch und beginnt, Klopstocks »Messias« ins Italienische zu übertragen. Wo man ihm Entscheidungen zubilligt, zeigt er sich in seiner früheren Härte: Parteigänger, die er der Untreue und des Verrats bezichtigt, lässt er nach Schauprozessen hinrichten. Gleichzeitig duldet er Schlägerbanden und Terroristen, die politische Gegner verfolgen. Salò, wo auch die Nachrichtenagentur und die Kommandostelle der *polizia fascista* untergebracht sind, wird zur Festung, in der Überwachung und Spitzelwesen zum Alltag gehören. Das Vorgehen gegen den Widerstand und die Partisanen wird zusehends brutaler, der Kampf zum Massaker. Die Italiener müssten wieder zur reinen Rasse werden, davon ist Mussolini weiterhin überzeugt und drängt auf die Einhaltung der Nürnberger Gesetze. Immer mehr Juden werden in Vernichtungslager deportiert.

Als Mussolini erfährt, dass sich die Alliierten dem Norden Italiens weiter nähern, erleidet er einen Nervenzusammenbruch. Es sei alles nur mehr eine Farce, weint er. »Ich komme mir vor wie der Kapitän eines Schiffes, das nur mehr ein Wrack ist,

Spielball der aufgepeitschten See: machtlos, unfähig, das Schiff noch zu retten! Niemand hört auf mich; so zieh ich mich jetzt in das große Schweigen zurück.« In das Schweigen und in die Vergangenheit.

Ein gebrochener Mann sitzt am See, blickt über die imaginäre Grenze im Wasser hinüber ins Veneto. Hinter dem Monte Baldo liegt Verona, ein Stück weiter östlich Venedig, der Ort seines ersten Treffens mit Hitler, am 14. Juni 1934. Venedig, das ist aber auch ein Ort, mit dem er romantische Erinnerungen verbindet. Der Beginn seiner Laufbahn, die Liebe zu Margherita Sarfatti. War damals nicht alles so gelaufen, wie er es sich gewünscht hatte? Margherita hatte ihm in glücklichen Tagen ihre Heimatstadt gezeigt. Mussolini neigt zur Sentimentalität.

Eine erstaunliche Frau, diese Margherita Sarfatti. Im April 1880 als Tochter eines Anwalts im venezianischen Ghetto Vecchio geboren, wächst sie im Palazzo Bembo auf, einem der prächtigsten *palazzi* am Canal Grande. Mit ihrer Verheiratung löst sie sich von ihrer Herkunft, um fortan dem Sozialismus, dem Feminismus und der Kunst zu leben. In Mailand lernt sie Benito Mussolini kennen, einen ungelenken, aber ehrgeizigen jungen Mann. Die beiden verlieben sich ineinander. Nach dem Ersten Weltkrieg wird die Verbindung inniger. Sarfatti hat endlich den starken Mann an ihrer Seite, nach dem sie sich sehnt, Mussolini wiederum bewundert die Weltläufigkeit und Eleganz seiner Geliebten. Die beiden arbeiten gemeinsam am Aufstieg des Faschismus. Kaum ein Tag, an dem sich Mussolini nicht ein- oder mehrmals mit seiner Freundin berät: über Kleidung, Auftreten, Schlachtpläne.

Zu Hause regiert Signora Rachele Mussolini über Mann und Kinder, im öffentlichen Leben wird Margherita Sarfatti zur Wegbereiterin des Duce. Sie verfasst seine Biografie und macht den linkischen Benito salonfähig. Da ihr als Frau offizielle Ämter verwehrt bleiben, verwirklicht sie sich in der Kunstpolitik. Mussolini gibt sich feinsinnig und musisch interessiert und verdeckt damit die Brutalität, mit der er Italien in eine Diktatur zwingt. Genauso kalt lässt er dann auch Margherita Sarfatti fallen, als er das Bündnis mit der Kunst nicht mehr braucht und sich auf dem Gipfel seiner Macht fühlt. Schon 1933 sorgt er dafür, dass sie zum Gespött wird: Signora Sarfatti sei Jüdin, heißt es plötzlich. Sie sei zwar zum Christentum übergetreten, aber Jüdin bleibe Jüdin.

Margherita Sarfatti flüchtet in die USA, wo sie als Vertraute des Duce gefeiert wird. Bei ihrer Heimkehr spürt sie umso deutlicher, dass Mussolini sie nicht mehr braucht. Als der Großrat des Faschismus im November 1938 Rassengesetze deutschen Zuschnitts beschließt, emigriert sie nach Paris, später nach Montevideo und Buenos Aires. Sie kehrt 1947 nach Italien zurück. Über Mussolini spricht sie selten, seine Liebesbriefe verkauft sie an einen plastischen Chirurgen aus den USA. Sie bleiben unveröffentlicht.

Margherita Sarfatti stirbt 1961. Eine Frau, an

die sich niemand gerne erinnert und die man fortan ignoriert. In ihrer Autobiografie, die sie unter dem Titel »Acqua passata« veröffentlicht, gelingt es ihr, Benito Mussolini kein einziges Mal zu erwähnen.

Gegen Ende seines Lebens flüchtet sich auch Mussolini immer tiefer in den Selbstbetrug. Hitler habe ihn verraten, redet er sich ein, aber irgendwann würden auch die Italiener erkennen, was sie an ihm, ihrem Duce, gehabt hätten. Dann sei der Weg frei für den Sieg des Faschismus, für das Himmelreich auf Erden. Noch sei die Zeit nicht reif, aber spätestens nach seinem Tod werde man ihn und seine Größe zu würdigen wissen: ihn, den Märtyrer, in eine Linie zu setzen mit Jesus und Napoleon.

Die Weltgeschichte hat anderes vor. Im April 1945 stehen die alliierten Truppen in Bologna, die Russen knapp vor Berlin. Mussolini verlässt Gargnano und fährt nach Mailand, um sich dort mit den Führern der Partisanen zu treffen. Doch seine Forderungen zerschellen, er bricht die Gespräche ab und will sich via Como und Valtellina in die Schweiz flüchten. Clara Petacci ist bei ihm. Die beiden werden in Giulino di Mezzegra am Comer See von Partisanen gefangen genommen und am 28. April erschossen. Ihre Leichen bringt man nach Mailand, sie werden auf der Piazza Loreto aufgehängt, mit dem Kopf nach unten. Am 7. Mai 1945 geben die Deutschen ihre Kapitulation bekannt.

»Ich bin am Ende«, hat Mussolini in einem seiner letzten Interviews geklagt. »Mein Stern ist untergegangen. Ich erwarte das Ende der Tragödie, und merkwürdigerweise losgelöst von allem, fühle ich mich nicht mehr als Schauspieler, sondern als letzter Zuschauer.« Der Faschismus als Theaterstück? Am Gardasee jagt der Wind durch die Zitronenbäume. Die Früchte schmecken bitter.

Langsame Wege im Grau und Grün

Auf den Spuren der Dolomitenbahn nach Cortina und durchs Cadore

Das ist er also, der Cimabanche, einer der nördlichsten Punkte des Veneto. Ein Passübergang auf tausendfünfhundertdreißig Metern Höhe, in der Einöde zwischen Toblach und Cortina d'Ampezzo. Zu sehen ist nicht viel: ein Straßenstück, umgeben von dichtem Wald, dahinter die grauen Felsmassive der Dolomiten. Direkt an der Grenze zwischen Südtirol und dem Veneto ein kleines Haus, zwei Zimmer unten, zwei oben und vielleicht noch eines unterm Dach: das frühere Stationsgebäude der Dolomitenbahn, der Ferrovia delle Dolomiti, die vom Pustertal über den Cimabanche und Cortina d'Ampezzo bis nach Calalzo führte, einem Städtchen nördlich von Belluno.

Eine legendäre Strecke durchs Herz der Dolomiten. Geplant wurde sie im Ersten Weltkrieg, als die k.u.k. Feldherren nach Möglichkeiten suchten, die Dolomitenfront möglichst schnell mit Nachschub zu versorgen. Man errichtete eine Schmalspurbahn zwischen Toblach und der Festung Höhlenstein, die nach 1915 als Infanteriestützpunkt und Depot diente. Von hier aus schaffte man Waffen, Nahrung und Baumaterial in die Berge. Fast gleichzeitig beschlossen die Italiener, von Calalzo ausgehend eine Feldbahn nordwärts zu bauen.

Als die Österreicher weiter in italienisches Gebiet vordrangen, trafen sie auf diese Gleise, vereinheitlichten die Spurweiten und verbanden die beiden Linien, um die Front bei Belluno und am Piave leichter beliefern zu können.

Mit Kriegsende und dem Vertrag von Saint-Germain fällt die Dolomitenbahn in den Besitz der Italiener. Die vom Kriegsgeschehen beschädigten Streckenabschnitte werden im Zuge der Reparationszahlung von Österreich wiederhergestellt, sodass am 1. Juni 1921 der Personenverkehr aufgenommen werden kann. Spätestens in den fünfziger Jahren des vergangenen Jahrhunderts geht die Zahl der Fahrgäste immer weiter zurück. Im März 1962 wird der Betrieb der Strecke Toblach–Cortina eingestellt, zwei Jahre später der Abschnitt Cortina–Calalzo.

Die Gleise beginnen zu rosten, Bäume und Sträucher überwuchern die Bahntrassen, viele der einstigen Stationshäuschen verfallen. Bis man das touristische Potenzial der früheren Ferrovia delle Dolomiti erkennt. Rail-Trails boomen allerorts: Wege auf aufgelassenen Bahnstrecken, die asphaltiert und neu beschildert wurden und nun Radler und Wanderer zu ausgedehnten Touren abseits des Autoverkehrs einladen. Auch die Lunga Via delle Dolomiti, wie man sie genannt hat, fügt sich in dieses Erfolgskonzept. Die Strecke zwischen dem Cimabanche und Calalzo gilt als schönster Abschnitt des Weges und europaweit als eine der spannendsten Routen dieser Art. In gut fünfundfünfzig Kilometern zieht sie von einer karg-kalten

Passhöhe hinunter in den Süden, in die mediterrane Welt vor den Toren von Belluno. Eine Fahrt über Viadukte und durch Tunnel, mit spektakulären Ausblicken auf Cortina und die Dolomiten, auf die Flüsse und Dörfer des Cadore.

Ein Bus-Shuttle verbindet Start- und Endpunkte der Tour, die Ortschaften entlang der Bahnlinie machen gute Geschäfte mit den Radlern. Schon am Cimabanche reges Treiben. Ein Fahrradverleih mit Rädern aller Größen und Ausführungen, daneben eine Blockhütte mit dem Menü für den hungrigen Sportler – Hirschfilet, gegrillt, dazu Steinpilze und Polenta. Spätestens jetzt ahnt jeder, wohin der Weg zieht: durch dichte Wälder, wo das Wild grast, durch Landschaften mit Feldern voller Mais, Gerste und Kartoffeln, durch Städte und Dörfer, die gelernt haben, mit den Touristen zu leben.

Doch zunächst ist davon nicht viel zu bemerken. Das erste Stück des Weges läuft durch unberührte Landschaften, vorbei an Tümpeln und kleinen Seen, in denen sich die Sonne spiegelt. Ab und zu ist die Straße zu sehen, die Strada Statale 51 di Alemagna, ansonsten nur Grün und Grau, in allen Schattierungen. Die Augen bekommen Auslauf und stoßen doch immer wieder an Grenzen. Mächtige Bergstöcke bremsen den Blick. Allein die Gedanken sprinten nach vorn, überwinden die Gipfel der Ampezzaner und Belluneser Dolomiten und landen am Meer: Etwa hundertachtzig Kilometer wären es bis Venedig.

Der Cimabanche war in früheren Zeiten einer der wichtigsten Übergänge in den Alpen. Um

800 zogen erste deutsche Pilger durch, um nach Rom zu gelangen. Später waren es Kreuzzügler, aber auch Händler und Kaufleute, die Waren von Venedig nach Deutschland brachten. In Ospitale, etwas unterhalb der Passhöhe, standen schon im Mittelalter ein Gasthaus und eine kleine Kirche, S. Nicolò, dem Schutzheiligen der Reisenden geweiht. Seit 1226 trotzt sie der Zeit. Die Bahnstation von Ospitale indes wird langsam zur Ruine. Das Blechdach setzt Rost an, einige der Fenster sind aufgebrochen, der Putz bricht aus. Die Wände sind verschmiert.

Hier und in den anderen Häuschen an den früheren Haltestellen des Zuges haben die Bahnwärter gewohnt, viele allein, andere mit ihren Familien. Wer unten im Tal und in den größeren Orten diente, hatte Glück. Jene Beamten aber, die auf den Stationen zwischen Cimabanche und Cortina Dienst taten, hatten sich auf lange Winter einzustellen, auf Schnee, Kälte, Einsamkeit. Schon im Morgengrauen galt es die Strecke abzugehen, um sicherzustellen, dass keine Felsstücke, Äste oder Lawinen die Gleise verlegten und die Tunnel frei von Eis waren. Dazu kam die Arbeit in der Station, das Abfertigen der Passagiere und Züge. Kein leichtes Leben.

Hinter Fiammes wird das Tal weiter. Die Cinque Torre recken sich in den Himmel, fünf pittoreske Zacken, eines der Wahrzeichen der Dolomiten. Eine Straße ist zu erkennen, sie windet sich in Kehren nach oben: die Große Dolomitenstraße, eine legendäre Strecke auch sie. Seit 1909 verbindet sie Cortina d'Ampezzo mit Bozen, gut hundert Kilometer über den Falzaregopass, das Pordoijoch und den Karerpass. Der Plan, die Dörfer der Dolomiten zu erschließen, geht auf den österreichischen und den deutschen Alpenverein zurück. Sie drängten Ende des 19. Jahrhunderts, den Alpinisten, die in jenen Tagen die Berge stürmten, den Zugang zu den Basisquartieren und Hütten zu erleichtern und den Touristen die Spektakel der alpinen Kulissen zu eröffnen. Ein ambitioniertes Vorhaben, das man in die Hände italienischer Ingenieure legte. Die Strecke sollte 1898, anlässlich des fünfzigsten Regierungsjubiläums von Kaiser Franz Joseph I., eingeweiht werden. Doch der Bau verlief alles andere als einfach, Witterung und Gelände verzögerten die Arbeiten. Erst am 13. September 1909 konnte die Dolomitenstraße für den Verkehr freigegeben werden.

Wenig später brach der Fremdenverkehr zusammen. Als Italien am 23. Mai 1915 in den Ersten Weltkrieg eintrat, wurden auch die Dolomiten zum Kampfplatz. Die Kavernen, Tunnel und Stollen, die man gewaltsam in den Stein geschlagen hat, sind bis heute zu sehen. Gedenkstätten ohne Zahl, dazu Kriegerfriedhöfe und Mahnmale. Deren eigenwilligster ist der Col di Lana, einer der am heftigsten umkämpften Berge dieser Region: Man hat ihn gesprengt, vom einstigen Massiv, das man mehrfach vermint hatte, ist nur ein Krater übrig geblieben. Souvenirläden verkaufen Memorabilien. Historische Postkarten mit Fotos der früheren Schützengräben und Galerien, daneben

Landkarten und Bücher. »Dolomiten – Krieg, Tod und Leid«, »Minenkrieg in den Dolomiten«, »Die Front in Fels und Eis«.

Radfahrer quälen sich über die Pässe. Wer die kurvenreiche Strecke hinter sich gebracht hat, gilt als Meister. Leicht ist dies nicht. Biker verfolgen die Radler, Horden älterer Herren auf ihren Harleys, dazu Ausflügler in Autos und Bussen. Die Tour durch die Dolomiten wird in allen Reisebüros beworben, in Cortina, Arabba und San Vito di Cadore, aber auch am Gardasee, in Bozen oder Meran. Die Parkplätze auf den Passhöhen sind überfüllt, Fotomotive drängen sich ins Bild: fette Almwiesen, die bis an die Felsen heranreichen, Blau über den Zinnen, Zacken und Eisfeldern der Gipfel von Langkofel, Marmolada oder Civetta. Und immer wieder der Monte Pelmo. An seinem Fuß Cortina und das Cadore mit der Lunga Via delle Dolomiti.

Dort sind die Sonntagsradler unterwegs. Kein Autoverkehr auf der Strecke, keine Eile, keine nennenswerten Anstiege. Es geht stetig bergab. Die Naturtunnel machen einigen Angst. Sie sind schlecht beleuchtet und feucht. Wer ins Licht kommt, blinzelt: die Ausblicke – großes Kino. Der Weg zieht die Ausläufer des Pomagagnon entlang, ein gutes Stück oberhalb der Straße. Am Talboden schiebt sich der Boite, der bei Perarolo di Cadore in den Piave mündet, durchs Geröll. An seinem Ufer lagern die Optimisten. Mit kleinen Pfannen fangen sie das Flusswasser auf, um Gold zu waschen. Cortina d'Ampezzo ist nicht mehr weit. Dort residieren die Juweliere und Designer. In den Geschäften Rolex neben Bulgari, auf den Weinkarten der Hotels die feinsten Gewächse aus ganz Italien, auf den Tellern *pasta* mit Trüffeln und Käse aus der Normandie. Cortina, international bekannt geworden durch die Olympischen Winterspiele des Jahres 1956, gilt als einer der mondänsten Skiorte Italiens. Im Sommer fallen die Preise. Die wirklichen Alpinisten steigen ohnehin in den kleineren Orten ab, wo die Unterkünfte billiger sind, oder übernachten in einer der zahlreichen Hütten der Dolomiten. Wer in Cortina stationiert ist, sucht die Sommerfrische auf den ebenerdigeren Wanderwegen und auf den Aussichtsterrassen der Hotels und Almwirtschaften: fast nur Italiener, ein paar Belgier, Tschechen und Japaner, auch Deutsche. Doch die bleiben oft drüben, auf der Südtiroler Seite der Dolomiten. Dort spricht man deutsch.

Cortina hat lange Zeit zu Österreich gehört. Eine über vierhundert Jahre lange Verbindung, die sich nach dem Ersten Weltkrieg auflöste, als die Stadt und ihre Umgebung Italien zugeschlagen wurden. Viele sind damit nicht glücklich, bis heute. Im Veneto fühlt man sich politisch nicht wirklich vertreten, nun kämpft man um die Wiedervereinigung mit Südtirol. Ein gutes Drittel der Bevölkerung spricht Anpezan, eine Variante des Ladinischen. Auch davon will man im Veneto nicht viel hören. Die Sprache, ein Überbleibsel des Vulgärlatein aus der Zeit der Romanisierung der Alpen, erfährt zu wenig Förderung von öffentlicher Hand, befindet man. »Bon azeto« ist am

Ortseingang von Cortina zu lesen, willkommen. Kaum eine Stadt oder ein Dorf an der Lunga Via delle Dolomiti, das nicht wissen lässt, dass es im *paés ladin* liegt, in Ladinien. Darauf sind viele stolz. Und doch weiß man, dass das Ladinische aus dem Alltag zu verschwinden droht.

Etliche Häuser und Appartements in Cortina und den Nachbarorten wirken verlassen, sie werden nur während der schneereichen Wintermonate oder an Wochenenden bewohnt. Wer auf sich hält, in Belluno, Treviso oder Venedig, der hat hier eine Zweitwohnung. Dicke Balken und Rollläden verschließen die Fenster, viel Holz allerorts. Das Cadore ist berühmt für seine Wälder. Entlang dem Boite Möbelfabriken, Tischlereien und Zimmereien. Der Handel mit Holz verschaffte den Bewohnern immer schon Auskommen und bescheidenen Wohlstand. Viele der Pfähle, auf denen die Serenissima thront, stammen aus den Wäldern in den Ausläufern der Dolomiten. Auf dem Piave verschiffte man die Stämme bis ans Meer.

Dichte Waldstücke auch entlang der Lunga Via delle Dolomiti. »Raccolta funghi regolamentata« warnen die Schilder, Pilze zu sammeln ist nur an bestimmten Tagen und in beschränkten Mengen erlaubt. Es riecht nach Pfifferlingen und Steinpilzen, Moos kriecht über die feuchten Steine, kleine Flüsse sprudeln über die Abhänge. Wo sich die Bäume zurückziehen, tun sich Wiesen auf, dazwischen liegen Dörfer. Die einstigen Stationsgebäude werden zu Wegmarken. Einige verfallen, doch die meisten von ihnen wurden neuen Nutzungen zugeführt. In das Bahnwärterhäuschen von San Vito di Cadore ist ein Museum eingezogen, im Stationsgebäude von Borca di Cadore lärmen Kinder. Ältere Männer sitzen auf den Bänken ihrer Häuser und winken den Radfahrern zu: *buona passeggiata*, gute Fahrt.

Die Lunga Via delle Dolomiti macht's einem leicht. Es geht bergab, der Weg verliert an Höhe. Die Augen suchen die Gipfel der Berge, den Antelao, den Monte Rite, den Sassolungo di Cibiana. Sie rücken immer weiter weg. Die Vegetation verändert sich. Die Legföhren sind verschwunden, mit ihnen die Moränen und Steinwüsten, Zeichen der vielen Lawinenabgänge und Muren. Stattdessen Bäume voller Walnüsse und Kastanien, Efeu und wilde Rosen, die den Galerien entlang nach oben wachsen, erste Weinstöcke. Die Luft wird milder, es riecht nach Süden, nach Pinien und Rosmarin. Das Tal öffnet sich. Drei Kilometer noch bis Calalzo, vermerkt die Karte bei Tai di Cadore. Es sei denn, man hat noch Energien für eine kurze Bergfahrt, gut hundert Meter aufwärts, auf einer Straße mit wenig Verkehr.

Die Mühen des Anstiegs enden in Pieve di Cadore, einem verschlafenen kleinen Ort mit venezianischen *palazzi* und alpin anmutenden Bauernhäusern, mit dem Hotel Progresso als dereinst erstem Haus am Platz. Doch die Zeiten des Fortschritts sind vorbei, die Farben der Mauern verblasst. Heute beruft man sich auf die Vergangenheit. Um 1477 wurde hier der Maler Tiziano Vecellio geboren. Oder war es doch etwas später?

Man weiß es nicht genau. Sein Geburtshaus steht noch, ein kleines, windschiefes Gebäude aus groben Steinen. Rot blühende Geranien vor den Fenstern, eine Holztreppe führt nach oben. Im ersten Stock hat die Familie gewohnt. Kleine Kammern, eine Küche mit einer offenen Feuerstelle, dem *fogolar*, und einem Boden aus groben Steinplatten.

Im Erdgeschoß eine Ausstellung mit Kopien von Tizians Zeichnungen und Briefen. Er habe seine Heimat nicht vergessen, so erzählt man sich, besonders im Alter habe er sich regelmäßig zur Erholung nach Pieve zurückgezogen. Die Farben seiner Heimat, heißt es weiter, hätten ihn sein Leben lang begleitet. In einer Vitrine sind die dreiunddreißig Pigmente zu sehen, die Tizian verwendet hat, die vielen Schattierungen von Blau, Rot, Ocker, Braun, Schwarz. Allein das Grün spiegelt sich in vier Tönen: das *verde montana*, das *verde azul*, das *verde vescica* und das *terra verde*. In der Kirche von Santa Maria Nascente hängen des Meisters Bilder. Am Hauptplatz thront sein Standbild, eine mächtige Bronzefigur, mit Palette und Pinsel in der Hand. In ihrem Schatten die Farmacia di Tiziano: Man kultiviert die Erinnerung.

Eine steile Straße führt am anderen Ortsende zurück ins Tal, zum Lago del Centro Cadore. Über dem See liegt Calalzo. Endstation. Alles absteigen. Hier endete früher die Dolomitenbahn, hier stehen heute die Busse, die müde Radfahrer nach Cortina oder an den Start der Tour zurückbringen. Die fünfundfünfzig Kilometer stecken vielen in den Beinen. Doch die siebenhundert Höhenmeter, die sie seit dem Cimabanche verloren haben, machen auch übermütig. Und wenn's nun doch noch weiter ginge, weiter nach unten, ans Meer? Der neue Bahnhof von Calalzo ist ein Versprechen. Die Züge nach Belluno, Verona und Triest warten, die Herren mit ihren hellblauen Hemden und kecken Käppis. Die Gleise ziehen südwärts. Venedig liegt nur mehr knapp hundertdreißig Kilometer entfernt.

Im Nussbaum sitzt ein Heiliger

Paduanische Grenzgänge

Kette und Schuss, dreimal ineinander verschränkt und zu einem winzigen Stoffstück verwoben. Das Ganze unter einer durchsichtigen Plastikhülle vakuumiert und in ein Kärtchen eingeschlossen. Dünner gelber Karton, darauf das Bild eines lächelnden Mönches in brauner Kutte, um das Haupt ein Heiligenschein, auf seinem Arm das Jesuskind, in seiner Hand eine weiße Lilie. Und darunter also das Stoffgewebe in Plastik, von goldenen Bordüren umrankt. Des Rätsels Lösung für die Bedeutung dieses kostbaren Bildchens ist in ein paar dürre Worte gezwängt. »Stück Leinwand, das die Zunge des Heiligen Antonius berührt hat.«

Die Zunge des Antonius also, die viel gerühmte *lingua santa*. Wenn der Heilige gepredigt habe, dann seien Vögel aus seinem Mund geflogen, wissen Zeitzeugen zu berichten. Niemand habe sich ihm und seinen einzigartigen Reden entziehen können. Weshalb man in Padua, wo Antonius zuletzt gelebt hatte und auch gestorben war, bei der Aufteilung des gebenedeiten Leibes auf den Preziosen bestand. Während Splitter aus Rippen, Ellen und Oberschenkel auf die Kirchen und Kapellen der gesamten christlichen Welt verteilt wurden, blieben die Herzstücke des verehrten Körpers in der Basilika Sant'Antonio von Padua zurück:

die Zunge des Antonius, sein Unterkiefer und die Knorpel seiner Stimmbänder, allesamt in bestem und vor allem: unverwestem Zustand. Das versichern päpstliche Expertisen, zuletzt ein Gutachten aus dem Jahr 1981. Reliquien erster Güte. Die Berührungsreliquie, in Plastik eingeschweißt, kostet sechzig Cent.

»Avanti, avanti«, mahnt ein uniformierter Sicherheitsbeamter und dirigiert die Menschenschlange durch die Schatzkapelle. Alle wollen sie sehen, die Schreine mit den Überresten des *santo*, wie man ihn liebevoll nennt. Vor ihnen geht man in die Knie. Viel Zeit bleibt nicht, um die Kleinodien in den goldenen Reliquiarien zu betrachten. *Avanti, avanti*. Der Tross zieht weiter zum eigentlichen Grab des Antonius, der Cappella dell'Arca del Santo. Hier sind jene Teile des Antonianischen Skeletts bestattet, die man nicht weiterverkauft, sondern in Padua belassen und dort in einem massiven Sarkophag bestattet hat. Hände streichen über den Marmor, Frauen reiben ihre Wangen am kalten Stein, Männer verharren gesenkten Hauptes vor dem Ehrfurcht gebietenden Monument, ehe die Nachkommenden wieder drängen: weiter, weiter.

Vor den Altären der ungezählten Seitenkapellen gehen die Kerzen nicht aus, an einer Marmorsäule nahe dem Grabmal kleben Fotos von Autowracks und verunfallten Motorrädern, von selig lächelnden Brautpaaren, von Menschen in Rollstühlen und auf Krücken. Antonius sei Dank, ihnen allen ist nichts passiert bei schweren Unfällen und Operationen, sie haben gefunden, was sie verloren und gesucht haben, ob es nun Schlüssel und Handtaschen waren, Ehepartner und Hoffnungen. Dazu Karten und Briefe. »Lieber Heiliger Antonius, danke, dass ich durch Deine Hilfe eine wichtige Schreibmappe und einen teuren Kugelschreiber wiedergefunden habe. Hatte meinen Optimismus schon verloren. Auch der Zahnarztbesuch ist trotz meinen Befürchtungen, dank Deinem Beistand, gut abgelaufen!« – »Mein allerliebster Antonius, ich danke Dir tausendmal, dass Du mir diesen Freund erbeten und unsere Freundschaft gestärkt und gesegnet hast. Ich kann es immer noch nicht glauben, dass ich nun wirklich einen katholischen Freund gefunden habe. Deine C.«

Neben der Basilika ist ein ganzes Museum für die ungezählten Votivgaben eingerichtet, die dokumentieren, wie wundersam und nachhaltig der *santo* auf das Leben jener eingewirkt hat, die sich ihm anvertraut haben. Gipsverbände und zerbrochene Lenkräder, Bilder von brennenden Häusern und untergehenden Schiffen, kleine Hände und Beine aus Blech, Eheringe: Wer auf den *santo* baut, dem wird geholfen.

In Padua blüht der Volksglaube. Oder ist's doch Aberglaube? Darüber mag urteilen wer will. Eines scheint sicher: Das Irrationale lebt weiter, kritisch beäugt von Klarsicht und Sachlichkeit. Palazzo della Ragione, Palast der Vernunft, hat man jenes riesige Gebäude im Herzen der Stadt getauft, das jahrhundertelang als Rathaus fungierte. Hier wurde Recht gesprochen, nachvollziehbaren Gesetzen folgend. Im *salone*, wie man den überdimensionalen Saal im oberen Stock des *palazzo* nannte, setzte man Zeichen: An den Wänden ein Freskenzyklus aus dem Mittelalter, angeregt vom »Astrolabium Planum« des mittelalterlichen Wissenschaftlers Pietro d'Abano: Mehr als dreihundert Bilder über den Lauf der Gestirne und deren Einfluss auf Mensch und Tier. Unter der Holzdecke eine moderne Version des Foucault'schen Pendels, hergestellt an der Universität von Padua.

Gut siebzigtausend Studenten leben in Padua und stellen damit ein Drittel der Bevölkerung. Auch das prägt die Stimmung in der Stadt. *I dottori* werden die Padovaner in Italien genannt, und das nicht ohne Hintersinn. Die Universität zählt zu den ältesten des Landes, sie gilt seit jeher als widerspenstig und aufmüpfig. Gegründet wurde sie 1222, wenige Jahre bevor Antonius in Padua auftauchte und seine Wunder wirkte. Damals ließ sich eine Gruppe von Studenten und Dozenten in Padua nieder, die von der Universität von Bologna geflüchtet war. Dort hatte man die Freiheit der Lehre mit Füßen getreten und die Privilegien der Studierenden und Lehrenden missachtet. In Padua probte man den Aufstand und suchte einen Neuanfang. Anfangs wurde auf öffentlichen Plätzen unterrichtet, später in Privathäusern und in den Hinterzimmern von Lokalen. Unter diesen Wirtshäusern war auch die Herberge »Zum Ochsen«, die man nach 1493 zum Palazzo del Bo ausbaute, dem Palast des Ochsen. Die solcherart gegründete Universität unterstand nicht länger dem Papst und dem Kaiser, sondern allein der Stadt und ihren Bürgern.

»Universa Universis Patavina Libertas« – so der Leitspruch der neu gegründeten Hochschule. Offenheit, Freiheit und religiöse Toleranz der Hochschule ziehen Professoren aus ganz Europa an. Deren berühmteste der Mathematiker, Physiker und Astronom Galileo Galilei und Gian Battista da Monte, der Begründer der modernen Medizin. Er ist der Erste, der die Studenten zu den Patienten ans Krankenbett schickt und seine Erkenntnisse anhand praktischer Beispiele vorführt. Seinem Kollegen, dem Anatomen Gerolamo Fabrici d'Acquapendente, verdankt sich eine weitere Neuerung an der medizinischen Fakultät. 1594 lässt er im Palazzo del Bo das anatomische Theater bauen, um den Studenten in zweiwöchigen Kursen auch das Innere des Körpers zu präsentieren. Die Kirche habe Leichenschändung dieser Art verboten, erzählt man sich, weshalb sich die Wissenschaft ins Dunkel eines kleinen, elliptisch angelegten Hörsaales zurückgezogen habe, in eben jenes Teatro Anatomico. Keine Fenster nach außen, nur Kerzen und Fackeln. Niemand durfte wissen, was im Dunkeln vor sich ging. Eine schöne Geschichte, ob sie nun stimmt oder nicht. Bis 1872 jedenfalls – und das ist belegt – wurden hier Körper aufgeschnitten und untersucht.

Ganz unten, ausgestellt wie auf einer Bühne, der Seziertisch. Ihn, so heißt es weiter, habe man flugs nach unten und in den Keller versenken können, wenn sich unerlaubte Besucher Zutritt zu den anatomischen Vorlesungen verschafften. Vom ovalen Tisch ausgehend wachsen sechs konzentrisch angeordnete Etagen steil in die Höhe, ähnlich wie die Ränge und Logen eines Theaters. Durch geschnitzte Balustraden vor dem Absturz geschützt, fasste der Raum bis zu dreihundertfünfzig Mediziner, die von ihren Plätzen aus jeden Handgriff im Herzen des Hörsaals verfolgten. Häufig waren es Selbstmörder, die man solcherart bis in ihr Innerstes zerlegte, oft auch Verbrecher. Viele von ihnen wurden nach den Vorlesungen beerdigt. Sie hatten ihre Schuldigkeit getan, die Sünden gebüßt.

Doch die Heilkunde lehrte man damals nicht nur im Lehrsaal. Für die Studenten der Medizin, Pharmazie und Chemie wurde 1545 unweit der Basilika des Sant'Antonio ein botanischer Garten angelegt, der weltweit älteste seiner Art, der heute noch erhalten ist. Ein Juwel. Mauern umschließen ein Areal von über zwanzigtausend Quadratmetern. Ein geometrisches System von Achsen und Kreisen lässt die strenge Ordnung dieses Gartens erkennen. Hier wohnt die Wissenschaft, dem Wildwuchs der Natur zum Trotz. Handbeschriftete Täfelchen werden zu Wegweisern durch die Wunder der Botanik. Alles an seinem Ort, systematisch geordnet: Heilpflanzen aus aller Welt, Blumen aus den Alpen, Bäume aus Asien und Südamerika, Palmen von allen Kontinenten. Deren älteste ist eine Chamaerops humilis, die man 1585 nach Padua gebracht hat. Sie überstrahlt die anderen Mitglieder ihrer Familie. Dies sei »Goethes Palme« liest man, und der habe ihr in seiner Abhandlung über den »Versuch, die Metamorphose der Pflanze zu erklären« ein Denkmal gesetzt. »In dieser neu mir entgegentretenden Mannigfaltigkeit wird jener Gedanke immer lebendiger«, schreibt er am 27. September 1786 in seinem Tagebuch der »Italienischen Reise«, »dass man sich alle Pflanzenarten vielleicht aus einer entwickeln könne. Hiedurch würde es allein möglich werden, Geschlechter und Arten wahrhaft zu bestimmen, welches, wie mich dünkt, bisher sehr willkürlich geschieht.« Eine Revolution der Schöpfungsgeschichte? Hinter den Mauern des Giardino Botanico steigen die Türme der Basilika in die Höhe, das Läuten der Glocken durchbricht die Stille.

Nicht nur die Professoren, auch die Studenten Paduas waren immer schon Vorreiter. Ihnen konnte niemand den Mund verbieten. Nirgendwo anders durften schon im Mittelalter nicht christliche Studenten graduieren, nirgendwo anders wurden auch Frauen zum Studium zugelassen. Schon 1678 promovierte hier die erste Frau der Welt, die Venezianerin Elena Lucrezia Cornaro Piscopia. 1848 zogen Paduas Studenten gegen die österreichische Krone und für ein geeintes Italien auf die Barrikaden, im Zweiten Weltkrieg gegen den Faschismus, 1968 für ein gerechteres, allen Schichten frei zugängliches Bildungssystem, höhere Löhne für Arbeiter und die Gleichberechtigung von Mann und Frau.

Padua lebt mit seinen Studenten. *Il Bo*, wie man die Universität salopp nennt, hat ihre Arme über die Stadt gebreitet. Fahrräder wohin man schaut, bis spät in die Nacht hinein lebendiges Treiben auf der Piazza delle Erbe, im früheren Ghetto und am

Prato della Valle. Auf den Straßen große Gruppen ausgelassen lärmender Jungakademiker, die ihren Studienabschluss feiern, die *laurea*. In den Auslagen der Buchhandlungen die neuesten Publikationen zur Genforschung und der Entwicklung osteuropäischer Finanzmärkte, direkt daneben ungezählte Bände zum Leben und Wirken des *santo*: »Antonio di Padova – Il santo dei semplici«, »Antonio – Il santo dei miracoli«, »Antonio – Il taumaturgo di Dio«. Antonius, der Heilige der Einfachen und der Wunder, der Wundertäter Gottes.

Um 1195 in Portugal geboren, schloss sich Antonius schon als junger Mann den Franziskanern an. Sein rhetorisches Talent wurde schnell entdeckt und genutzt. Er machte sich als Lehrer und Prediger einen Namen, der wortgewaltig gegen Ketzer ins Feld zog und dabei allerlei Wunder wirkte. Auf diese Weise gelang es ihm, ganze Städte und Landstriche zu bekehren. So auch im Veneto. Es habe bald keine Kirche mehr gegeben, berichten Zeitgenossen, die den Ansturm seiner Anhänger hätte fassen können. Alle habe er mit seinen Botschaften erreicht: Zerstrittene Familien versöhnten sich, Dirnen kehrten ins ehrbare Leben zurück, überhöhte Zinsen wurden den Schuldnern zurückgegeben. Ein anstrengendes Tagwerk, auch für einen wie Antonius. Um 1230 legte er seine Ämter nieder und zog sich in ein Landgut nahe Padua zurück. Während man an der Universität juridische Kolloquien abhielt, lebte der *santo*, so will es die Legende, auf einem Nussbaum, ins Gebet versunken, von zwitschernden Vögeln bewacht.

Als Antonius 1231 starb, setzte man ihn seinem Wunsch entsprechend in einer kleinen Kirche in Padua bei. Schon elf Monate nach seinem Tod folgte seine Heiligsprechung, ein neuer Rekord in der päpstlichen Geschichte. Ähnlich schnell begann der Bau der Basilika. Über viele Jahrhunderte hinweg arbeiteten hier die bedeutendsten Künstler ihrer Tage, Altichieri, Donatello und Menabuoi, einer der Nachfolger Giottos, dem Padua die fantastischen Fresken der Scrovegni-Kapelle verdankt. Die Basilika war noch lange nicht fertig, als die ersten Pilger eintrafen, um sich in den Armen des Antonius zu bergen und ihre großen und kleinen Sorgen an sein Grab zu tragen.

Eine Inszenierung in mehreren Akten, bis heute. Wer der Prozession zum Sarkophag und den Reliquien gefolgt ist, landet auf den Nebenbühnen – in der multimedialen Ausstellung zum Leben des Heiligen, in der Verkaufshalle mit einer Unzahl von Büchern, Karten, Rosenkränzen. Und mitten drin die Berührungsreliquien, in den wichtigsten Sprachen der Welt. In der Sala Confessioni steht ein Beichtstuhl neben dem nächsten, grüne Lämpchen zeigen an, wo Priester warten. Freisprüche am laufenden Band. In den Opferstöcken klingelt's.

Vor der Basilika die Stände mit den Devotionalien, in den Konditoreien das berühmte Vero Dolce del Santo: ein Blätterteigkuchen, gefüllt mit Mandeln, kandierten Orangen und Aprikosenmarmelade. Eine Bar weiter das Buffet per feste di Laurea.

Belegte Brote, Tramezzini und viel »Spritz«. Der Aperol, mit Prosecco oder Weißwein aufgegossen, lockert die Zungen. Padua spricht viele Sprachen. Allein die Vögel verstehen alles.

Auf den Brücken voller Licht

Die Marca Trevigiana: Ende des Weges, Anfang der Reise

Entlang des Weges
ein Bach mit klarem Wasser,
beschattet von einer Weide –
nach einer Pause verlangt mich,
ich halte – und bin noch hier.

BASHŌ

Die Zypressen sind schon von weither zu sehen, eine Allee dunkler Stämme und Äste. Hier muss er sein, der Cimitero di San Vito di Altivole. Die Baumreihen weisen in einen Landfriedhof. Protzige Grabhäuser neben Steinen aus Marmor und Granit, goldene Lettern auf dunklem Hintergrund, Fotos hinter Glas: Die Lebenden präsentieren sich und ihre Toten, ein Jahrmarkt der Eitelkeiten. Ein Kiesweg läuft auf eine Mauer zu, ohne dort zu enden. Er führt weiter, direkt in einen Portikus aus Beton. Die Augen gewöhnen sich langsam ans Dunkel. Sie ziehen die grauen Wände entlang, bis es heller wird, und stoßen dort auf ein bedeutungsvolles Symbol: zwei ineinander verschlungene Ringe, Yin und Yang, ein Bild für die Verschmelzung des Männlichen mit dem Weiblichen, der Sonne mit dem Schatten.

Wer den Tunnel durchschritten und die beiden Ringe passiert hat, wird offen und ruhig. Die Begräbnisstätte der Familie Brion stellt herkömmliche Friedhofserfahrungen auf den Kopf: ein über zweitausend Quadratmeter großes Stück Land, durchzogen von Teichen und Wasserläufen, von Stegen, Pfaden und Wiesen. Ein japanischer Zen-Garten – und ein eigenwilliger Park für ein paar wenige Tote.

Die Tomba Brion gilt als Meisterwerk des Carlo Scarpa. Acht Jahre hat er daran gearbeitet, beauftragt von der venetischen Industriellenfamilie Brion. Ob sie geahnt hat, dass ihr Grabmal in den Olymp der Architektur aufsteigen würde? Seit mehr als dreißig Jahren pilgern Architekten, Professoren und Studenten nach San Vito, um sich mitnehmen zu lassen in eine vielstimmige Welt zwischen Diesseits und Jenseits, zwischen Orient und Okzident. Man hat die *tomba* bewundert, diskutiert und auch kritisiert, man hat sie in ihre Einzelteile aufzusplittern und Scarpas Gedankenwelt zu durchdringen versucht. Vergeblich. Kaum jemand hat die Geheimnisse zu entschlüsseln vermocht, die das Grabmal aufgibt.

Der Friedhof verschließt sich und schweigt. Allein das Wasser plätschert und gluckert. In ihm steckt die Quelle des Lebens, der Anfang jedes Weges.

Bis zu den Knien steht der Christophorus im Fluss, das Jesuskind auf seinem Arm. Wellen umspülen seine Beine, allerlei Getier umgarnt ihn: ein Hecht, Schleien und Aale, dazu Krabben und Krebse. Das Christophorus-Fresko des Tommaso da Modena in der Chiesa di San Nicolò in Treviso spiegelt den Alltag in der Marca Trevigiana. Man lebt mit dem Wasser, mit Piave und Meschio, mit Marzenego, Livenza und Sile, mit Seen, Teichen und Tümpeln. Stadt der Kanäle nennt sich Treviso, die Hauptstadt der Provinz. Flüsse verschwinden unter den Hausmauern, um andernorts wieder aufzutauchen. In den Wehren und Wirbeln tanzen die Fische. Auf den Speisekarten der Trattorien Forellen und Aale, dazu die Weine der Gegend, Prosecco aus Valdobbiadene und Conegliano, Verduzzo und Raboso von den Weinbergen entlang dem Piave.

Die Marca Trevigiana ist ein fruchtbarer Landstrich. Weiden und Schilf entlang den Bächen und Kanälen, Äcker mit Spargel, Erbsen und dem berühmten Radicchio Trevigiano. Man bringt ihn in verschiedensten Variationen auf den Tisch: als *risotto*, als Salat mit einer leichten Vinaigrette, gebraten zu Fisch oder Fleisch. Der Monte Grappa schützt den Landstrich vor den kalten Winden der Dolomiten und schickt doch genügend Regen übers Land.

Ein merkwürdiges Licht liegt über den Feldern. Die Konturen verschwimmen, Himmel und Erde fließen ineinander, das Wasser spiegelt die Wolken. Eine Stimmung wie aus den Gemälden eines Giorgione. Castelfranco Veneto, wo der Renaissance-Maler geboren ist, liegt im Westen der Provinz Treviso. Im Dom San Liberale hängt seine berühmte »Sacra Conversazione«, Ziel so mancher kunsthistorischer Exkursion. Direkt neben der

Kirche, im Geburtshaus des Malers, ein Grisaille-Fries, der noch aus Giorgiones Hand stammen soll: leichthändige Kommentare zu Literatur, Musik und Wissenschaft, die Grautöne der Felsen und das Beige des Flusssandes, Erinnerungen an die Kindheit.

Auch Asolo lockt. Die Altstadt wächst die Hügel hinauf, Villen hinter mächtigen Mauern, hängende Gärten mit Schwertlilien und Glyzinien. Seit dem Mittelalter, als Caterina Cornaro, Königin von Zypern, im Schloss von Asolo Hof hielt und Gäste aus aller Welt um sich scharte, zieht es Künstler und Gelehrte in die Hügel am Fuß des Monte Grappa. Man zelebriert das Landleben. Provinz ist anderswo. In den Auslagen der Geschäfte Antiquitäten, alter Schmuck und mundgeblasene Gläser aus Murano, in der Tessoria Asolana Seidenstoffe für Kleider und Draperien in den Farben von Malern wie Veronese oder Tiepolo.

Touristen machen die Runde: vom Grab der Eleonora Duse bis zu ihrem Haus, von der berühmten Villa Cipriani zu den Villen des Robert Browning oder der Freya Starck, vom Dom hinauf zur Rocca, der alten Burg. Stadt der hundert Horizonte hat man Asolo genannt. Der Rundblick wird zum Spektakel. Im Rücken der Monte Grappa, in den Ausläufern der Hügel eine fast schon mediterran anmutende Landschaft mit Weingärten und Zypressen. Die Ebene bremst die Höhenflüge. Plantagen mit Mais und Kartoffeln, Wohnbauten und Fabriksgebäude, die wie Kraken in den Orten sitzen.

Zwischen Montebelluna und Bassano del Grappa hat sich Industrie niedergelassen, ungezählte kleinere und größere Betriebe. Einer davon ist die frühere Fabrik von Giuseppe Brion in Casella d'Asolo. Brionvega, wie seine Firma hieß, entwarf in den fünfziger und sechziger Jahren die Gehäuse von Radio- und Fernsehgeräten. Modelle, die inzwischen in den Designmuseen der Welt zu bewundern sind.

»Ein Mensch starb, hier in Italien«, schreibt Carlo Scarpa, »die Familie wollte das Verdienst dieses Menschen ehren, der aus einfachen Verhältnissen – ›dalla gavetta‹, wie wir sagen – kam und durch seine Arbeit einige Bedeutung erlangt hatte.« Giuseppe Brion solle ein besonderes Grab bekommen, befindet seine Frau Onorina, und berät sich mit Carlo Scarpa. Ihm hätten hundert Quadratmeter genügt, um sich zu entfalten, gesteht dieser im Rückblick. Doch die Brions haben Größeres vor: Sie präsentieren ihm ein riesiges L-förmiges Grundstück, das sich an zwei Seiten an die Mauern des Friedhofs von San Vito drängt und ansonsten ins freie Feld hinausragt.

Zweitausendzweihundert Quadratmeter Freiraum für einen Architekten. Scarpa plant einen Garten, kunstvoll angelegt und bis ins Detail strukturiert. An den beiden Enden des Grundstücks zwei sakrale Orte: im nordwestlichen Winkel ein lichter Pavillon als Meditationsraum, von Wasser umgeben. Im südöstlichen Teil die Kapelle, ein asiatisch anmutender Tempel, in einem Teich voller Seerosen schwebend. Auf dem zentralen Punkt die eigentliche Begräbnisstätte, zwei Sarkophage, unter einem Arcosolium geborgen, einem Bogen aus Beton. Die Natur bleibt nahe, die Wiese, das Wasser, die Bäume. »Für das Grab der Platz an der Sonne«, so Carlo Scarpa, »also hier: mit Panoramablick. Der Verstorbene wollte der Erde nahe sein, weil er in diesem Dorf geboren ist.«

Mauern umschließen den Friedhof. Die Landschaft schiebt sich von mehreren Seiten ins Bild: die Äcker und Felder im Süden, die Hügel und Berge im Norden. Die Mühen der Ebene, die Anstrengungen des Aufstiegs, das Ankommen. Das Leben.

Die Entwürfe des Carlo Scarpa sind poetische Gebilde, und als solche auf mehreren Ebenen zu lesen und zu erfahren. Zu jenem Zeitpunkt, da er die Tomba Brion entwirft, ist er ein bekannter und auch umstrittener Architekt. Ein Außenseiter, der seinen eigenen Weg geht, kritisch beäugt, aber auch verehrungsvoll beobachtet. Die Mappe seiner Projekte liest sich im Rückblick wie ein Buch voller Erfolgsgeschichten. Doch das täuscht. Ein Gutteil seiner Entwürfe konnte nie realisiert werden.

Scarpa war ein Außenseiter, zahlreichen Angriffen ausgesetzt, von Selbstzweifeln und Krisen geplagt. 1906 in Venedig geboren, wächst er in Vicenza auf und kehrt erst zum Studium an seinen Geburtsort zurück. Die Akademie der bildenden Künste lehnt ihn ab, allein die Kunstgewerbeschule will ihn aufnehmen. Scarpa schließt 1926 mit einem Diplom für Architekturzeichnen ab. Da ist er gerade erst zwanzig Jahre alt. Eine jahrzehntelange Lehrtätigkeit beginnt, zuerst als Assistent, später als Dozent und Professor. Gleichzeitig wird sein Ansuchen, als Architekt arbeiten zu dürfen, abgelehnt. Die innere Emigration wird zum Akt der Selbstverteidigung gegen den Faschismus. Zwischen 1927 und 1947 kann Scarpa, der in Murano auch für die Glasmanufakturen Cappellin und Venini arbeitet, nur wenige seiner Vorhaben realisieren.

Das ändert sich, als 1948 die Biennale di Venezia eröffnet wird, die erste nach dem Zweiten Weltkrieg. Scarpas Pläne für die Pavillons und die Gestaltung der Ausstellungen gelten als bahnbrechend. Sie erregen Aufsehen und verschaffen ihm neue Auftraggeber. Er entwirft Geschäfte und Häuser und macht sich mit der Neugestaltung alter Bauwerke wie dem Canova-Museum in Possagno einen Namen. Doch der Erfolg hat auch eine bittere Seite. Über viele Jahre hinweg wird Scarpa mit Verweisen und gerichtlichen Klagen verfolgt. Er sei Innendekorateur und kein Architekt, wirft man ihm vor, von seiner Ausbildung her fehle ihm jede Befugnis, Häuser zu bauen. Eigentlich sei er nicht viel mehr als ein begabter Zeichenprofessor. Carlo Scarpa wird von den Richtern freigesprochen, doch die Verletzung bleibt, ja mehr noch: Sein Ruf ist auf lange Zeit beschädigt.

1962 folgen die Ernennung zum ordentlichen Professor und gleichzeitig eine neue Kränkung. Sein Fach ist nicht die Architektur, sondern die *decorazione*, die Innenraumgestaltung. Die akademische Welt lächelt – und staunt dann doch über die prominenten Aufträge, die Scarpa fortan begleiten: die Neugestaltung des Castelvecchio in Verona oder auch die Renovierung des Palazzo Querini Stampalia in Venedig. Renovieren sei viel mehr als die bloße Reparatur alter Gebäude, hat Scarpa erkannt, »wesentlich ist, dass ihnen eine frische Portion Leben zugeführt wird, auf dass sie heute und morgen weiterleben können«.

Scarpa hat seinen eigenen Kopf, er ist ein Exzentriker. Das weiß auch Onorina Brion, als sie ihn mit der Planung der Tomba Brion betraut. Ihr Grab und das ihres verstorbenen Mannes sollen im Zentrum der Anlage stehen, das ist die einzige wirkliche Vorgabe. Und so wird dann auch das Arcosolium zum Herzstück des Friedhofs. Die beiden Sarkophage wenden sich einander zu, sie sind einander nahe, so wie es die beiden Eheleute gewesen sind, die sie beherbergen sollen. Heller und dunkler Stein tragen die Schreine aus Palisander, in die die Namen der Toten mit Ebenholz und Elfenbein eingeschrieben sind. Giuseppe Brion – Onorina Brion. »Es ist etwas Schönes«, schreibt Scarpa, »wenn sich zwei Menschen, die sich im Leben geliebt haben, nach dem Tod einander zuneigen.« Über dem Paar das Arcosolium, eine Brücke aus Eisenbeton. Sie spannt sich über die Gräber und ist an der Unterseite mit Mosaiken und Glasbausteinen geschmückt.

Das Arcosolium spiegelt Scarpas komplexe Formenwelt, die Elemente unterschiedlichster Kulturkreise ineinanderschiebt. Die Linien des Grabmals von San Vito verweisen auf Scarpas Restaurierung des venezianischen Palazzo Querini Stampalia. Dort verbindet eine Brücke den Eingang des Palazzo mit dem kleinen Platz unweit der Kirche Santa Maria Formosa: ein Gerüst aus Stahl, das einen gespannten Bogen beschreibt und auf zwei Blöcken aus istrischem Stein ruht. Zwei leicht gekrümmte Stahlplatten bilden die Konstruktion. Auf die Geländerstützen aus verschweißtem und verschraubtem Flacheisen ist ein Handlauf aus Teakholz gelegt, eine Anspielung auf den Schiffsbau, der die Serenissima dereinst berühmt gemacht hat.

Ein massiver, aber doch filigraner Übergang. Er erinnert an die venezianische Bauweise und gleichzeitig an die Brücken aus den Bildern eines Hokusei. Eine ganz ähnliche Linienführung ist auch im Arcosolium zu entdecken, das die Traditionen des frühen Christentums aufnimmt und an die Nischengräber in den Katakomben der Antike denken lässt.

Die Gebäude des Carlo Scarpa müsse man lesen wie einen Text, so Sergio Los, einer seiner engsten Mitarbeiter. Jedes von ihnen erzählt eine Geschichte. Architekturzeichnungen werden zu Landkarten poetischer Reisen, die alle Himmelsrichtungen erkunden und damit an kein Ende kommen. Scarpa ist ein polyglott denkender Mensch. Trotzdem bleibt Venedig, jene Stadt, die sich immer schon Richtung Osten orientiert hat, der Mittelpunkt seiner Inspiration. Die Landschaften des Veneto regen ihn an, auch die Bilder der Renaissance-Maler. Zu spüren beim Umgang mit

Licht, bei der Verwendung traditioneller Materialien und der Neuinterpretation jener Formen, die man von Palladio und dessen Nachfolgern kennt. Der Wiener Secessionismus und die Entwürfe des Josef Hoffmann prägen Scarpa, dazu die Arbeiten eines Frank Lloyd Wright. Die Begegnung mit Japan, das schon das Wien der Jahrhundertwende fasziniert hatte, eröffnet ihm wieder neue Möglichkeiten.

Im Friedhof Brion verschmelzen seine Erfahrungen als Architekt mit seinen Visionen. Das Veneto und Japan durchdringen einander. In den Wasserwegen spiegeln sich die *calli* und *canali* Venedigs, in den Mosaiken, Stein- und Holzarbeiten die Kunst der venezianischen Handwerker. Dem gegenüber die artifizielle, an Japan erinnernde Gartenanlage mit ihren Pavillons und dem kunstvoll gebändigten Wildwuchs. Die Natur wird zum Spiegel der Philosophie, des Spiels mit Gegensätzen, des Wissens um Licht und Schatten und um die Nichtigkeit allen Seins.

Scarpa scheut sich nicht vor der großen Geste, der Friedhof wird zum Manifest: die Architektur als Zeichen der Endlichkeit und zugleich Ewigkeit. Das Fragment bleibt wichtiger als der für immer abgeschlossene Bau, die Asymmetrie siegt über die geraden Flächen. Das Ornamentale darf wuchern, hier zumindest. Der Tod bringt die Kritiker zum Schweigen, das Geschrei um die Gesetze von Zweck und Funktionalität verebbt.

Als die Arbeiten an der Tomba Brion abgeschlossen sind, liegt Carlo Scarpas 72. Geburtstag hinter ihm. Im November 1978 reist er nach Japan, diesmal nach Sendai. Nicht weit von dort, ein Stück weiter nordwärts, liegt das sagenumwobene Hiraizumi, die alte Hauptstadt der Provinz, nach dem Vorbild der Kaiserstadt Kioto erbaut. Die Häuser und Paläste sind verfallen und zerstört, nur ein paar Mauern sind geblieben, die Überreste früherer Tempel. Ein Gebäude hat überlebt: das Mausoleum der Fujiwara, einer der mächtigsten Herrscherfamilien Japans, die sich dort eine mit Blattgold und Perlmutt verzierte Halle bauen ließ. Auch der Dichter Bashō ist dereinst bis zu jenem Ort gekommen. Der nördlichste Punkt seiner über zweitausend Kilometer langen Wanderung »Auf den schmalen Pfaden durchs Hinterland«, wie er sie genannt hat. »Sommergras…!«, schreibt er über Hiraizumi. »Von all den Ruhmestränen / die letzte Spur.«

Ist auch Carlo Scarpa so weit in den Norden gelangt? Am 28. November 1978 stirbt er in einem Spital in Sendai an den Folgen eines Unfalls: Er ist über eine Stiege gestürzt. Ausgerechnet er, der das Motiv der Treppe, des Übergang, des Steigens und Fallens in fast alle seine Bauten integriert hatte.

Man kleidet den Toten in einen hellen Kimono, eine Ehre, die nur hochgestellten Persönlichkeiten zukommt, und bettet ihn in einen schlichten, mit weißen Bändern umkränzten Holzsarg. Beerdigt wird Scarpa in einer der Ecken des Friedhofs von San Vito di Altivole, seinem Lieblingsplatz. Von hier aus pflegte er die Tomba Brion zu überblicken. Sein Grab ist ein Marmorblock, durchbrochen von schwarzen Linien, die wie Pfade über den Stein laufen. Unter dem Namen ein kleines Loch im Marmor, winzige Stufen führen in sein Inneres, ins Nichts. Einer von Bashōs letzten Haikus könnte der Trauergesang des Carlo Scarpa sein.

Zu Ende das Wandern:
Auf leeren Feldern der Traum
Irrt ziellos umher.

Ende des Weges, Anfang der Reise.